ISBN 978-0-266-69465-6
PIBN 10379733

ALBERT GRISAR

ÉTUDE ARTISTIQUE

PAR

ARTHUR POUGIN

PARIS
LIBRAIRIE DE L. HACHETTE ET Cie
79, Boulevard Saint-Germain, 79

BRUXELLES
SCHOTT FRÈRES, 82, MONTAGNE DE LA COUR
1870

A M. EDMOND VANDER STRAETEN

Acceptez, mon cher ami, la dédicace de ce livre, dans lequel j'ai essayé de retracer exactement la vie, d'apprécier avec impartialité les œuvres d'un de vos compatriotes les plus distingués. Un livre de ce genre, consacré à un musicien, écrit par un musicien, ne saurait d'ailleurs s'adresser mieux qu'à un musicien. J'ajouterai que celui-ci vous doit bien quelque chose, puisque, grâce à l'aide que vous m'avez prêtée, aux recherches que vous avez bien voulu faire pour moi, j'ai pu rendre mon travail plus complet, plus substantiel et plus précis en bien des points, qu'il ne m'eût été permis de le faire sans ce secours désintéressé.

Enthousiaste et amoureux des gloires de votre pays (pour lequel, vous le savez, j'éprouve une affection sincère), vous aviez considéré d'avance cette œuvre modeste comme un hommage rendu à l'une de ces gloires, et tous vos efforts tendaient à me faire la tâche plus facile. Vous aimiez d'ailleurs Grisar autant que moi, et, ainsi que moi, vous l'avez prouvé plus d'une fois la plume à la main.

Voilà plus de raisons qu'il n'en fallait, sans doute, pour me porter à inscrire votre nom en tête de ces pages. Il en est une pourtant, meilleure encore, et qui prime toutes les autres : c'est la vive et déjà ancienne amitié qui nous unit.

A vous de cœur.

ARTHUR POUGIN.

Paris, 20 Mai 1870.

ALBERT GRISAR

Une figure vraiment originale, une physionomie pittoresque et très-personnelle, un véritable type artistique, vient de disparaître du monde musical. Grisar s'est éteint il y a quelques mois, et l'on peut dire sans prétention, sans exagération, que ce charmant artiste ne trouvera pas de successeur — quant à présent. Non qu'il prît place parmi les plus grands, ni qu'il pût être compté au nombre des révolutionnaires de l'art (son ambition d'ailleurs n'était pas si haute), mais parce que, dans la sphère relativement modeste où il s'était vu en quelque sorte enfermé, et où son tempérament se sentait à l'aise, il venait en première ligne et tenait le premier rang. A ce point de vue seul, l'étude de ses œuvres ne manquerait ni d'utilité ni d'intérêt; mais il faut ajouter que la valeur intrinsèque de ces œuvres, leur caractère très-particulier, sont de nature à rendre cette étude plus utile et plus intéressante encore.

Constatons avant tout que Grisar a dignement continué les traditions musicales de la Belgique, en ce qui concerne leurs rapports avec le théâtre et avec l'art français. Ces traditions, glorieusement nouées par Gossec et par Grétry, ont été dignement maintenues par lui, et sont à présent poursuivies par M. Gevaërt, qui reste évidemment le représentant le plus distingué de l'art de son pays.

L'auteur de *l'Épreuve villageoise* et de *Richard Cœur-de-Lion* a donc eu en quelque sorte pour successeur l'auteur des *Porcherons* et de *Gilles ravisseur*, et ce dernier, pour avoir parcouru une carrière moins longue, moins féconde et moins brillante que celle de son devancier, n'en a pas moins droit à l'estime sincère des artistes et à la reconnaissance de ses compatriotes. Il a d'ailleurs occupé la scène pendant plus de trente ans, et si les ailes transparentes et légères de sa fantaisie ne lui ont pas permis d'atteindre les hautes cimes jusqu'où peuvent seuls s'élever les grands artistes et au sommet desquels ils rencontrent la fortune et la gloire, du moins peut-il se flatter d'avoir acquis, avec une renommée légitime, des titres sérieux au souvenir et à l'affection de tous.

Grisar était un artiste original et fin, consciencieux et discret, élégant et de bonne compagnie. Sa muse, mignonne et délicate, était bien portante cependant, et beaucoup moins rachitique assurément que certains critiques n'ont voulu le donner à croire. En tous cas, l'œuvre du compositeur décèle une personnalité très-tranchée, une haine profonde du banal, du *poncif* et du convenu, une recherche patiente (trop patiente parfois, peut-être, du moins lui en a-t-on fait le reproche), du style et de l'effet particuliers. Ses petits tableaux à la forme exquise, à la couleur sobre, aux contours finement arrêtés, à l'expression enjouée, délicate et vive, ne sont que des tableaux de chevalet, mais comme tels peuvent être qualifiés de chefs-d'œuvre, à l'égal de ceux de son compatriote Téniers et de ces merveilleux « petits maîtres » hollandais, comme on les appelle : les Jan Steen, les Gérard Dow, les Van Ostade, les Wouwerman, les Van de Velde.... En un mot, Grisar pouvait dire, comme notre Musset (qui, à mon sens, était trop modeste) :

Mon verre n'est pas grand, mais je bois dans mon verre.

ce qui ne signifie pas qu'il fût uniquement capable de peindre ces petites toiles si prestement brossées, et qu'il ne pût pas s'élever au-dessus du *genre* proprement dit. Il a moins absolument réussi, je le sais, lorsqu'il a voulu aborder des sujets sérieux et de proportions plus vastes; il y était moins complet, du reste, moins parfait, et je ne fais nulle difficulté de le reconnaître, — mais nous aurons plus tard à rechercher les raisons exactes, les causes réelles et directes de cette moindre réussite. Constatons toutefois que, Grisar disparu, une place reste vide au banquet de l'Art, place occupée jusqu'ici par un causeur fin, élégant, gai diseur, au tour d'esprit particulier, et qui, sous ces divers rapports, n'avait ni son égal ni son semblable parmi les convives.

Mais voyons d'abord ce que fut sa vie ; nous verrons ensuite, et chemin faisant, ce que sont ses œuvres.

I

C'est dans cette noble ville d'Anvers, toute pleine et comme chaude encore des souvenirs de Rubens, qu'on y retrouve à chaque pas et qui semblent planer au-dessus d'elle, — c'est dans cette cité généreuse et fière, à l'aspect tout à la fois patriarcal et imposant, l'une des plus intelligentes de la Belgique, dont elle fut, de tout temps, l'un des centres artistiques les plus puissants et les plus développés, — c'est enfin dans cette glorieuse patrie des Van-Dyck et des Téniers, des Jordaëns et des Frans Floris, des Quentin

Metzys et des Gaspard de Craeyer, qu'Albert Grisar naquit, le 26 Décembre 1808. Justement orgueilleuse déjà de compter au nombre de ses enfants tant de peintres illustres, Anvers peut donc aussi se féliciter d'avoir donné le jour à l'un des musiciens sinon les plus grands et les plus fameux, du moins les plus aimables et les plus ingénieux du XIXe siècle, un artiste adopté par la France, comme le fut jadis Grétry, et qui sut conquérir en ce pays d'adoption, dont le tempérament intellectuel lui convenait si merveilleusement, une renommée qui rejaillira naturellement sur sa véritable patrie (1).

(1) — Les Anversois sont réellement fiers de Grisar. Lors d'un passage que j'eus l'occasion de faire à Anvers peu de jours après la mort du compositeur, on y parlait de placer sa statue dans le vestibule du théâtre, et l'on espérait trouver dans ses manuscrits une messe, ou tout au moins des fragments d'une messe, dont l'exécution serait faite solennellement à la cathédrale, dans un service funèbre célébré en sa mémoire.

En l'espace de quelques semaines, Anvers (qui avait déjà vu naître l'un des musiciens les plus justement renommés du XVIe siècle, Hubert Waelrant),

qui ne lui laissaient subir qu'avec de véritables frémissements d'impatience le séjour prolongé dans un bureau et le travail monotone auquel il était tenu de s'y livrer, travail qui convenait aussi peu à ses penchants intellectuels qu'à sa nature physique. De l'autre, son goût pour la musique se manifesta de bonne heure, et lui fit prendre en aversion la carrière qu'on avait projeté de lui faire parcourir. Déjà, d'ailleurs, il jouait habilement du piano, sa voix (un baryton remarquable au point de vue du timbre et de la sonorité) était très-belle, et il chantait avec goût; aussi le voyait-on rechercher assidûment la fréquentation des artistes, courir sans cesse les concerts, les réunions d'amateurs, les sociétés d'harmonie (et Dieu sait s'il en manque à Anvers!), bien accueilli par tous et partout, son caractère aimable et sa gaieté communicative attirant la sympathie (1). Boieldieu surtout était dès-

(1) — M. Félix Grisar m'écrivait :

« ... Comme je vous l'ai dit, Albert était un charmant jeune homme. Il avait, à seize ou dix-huit ans, un franc succès de salons. Il était gai et se rendait

lors l'objet de son culte et de ses préférences ; il ne se lassait pas d'entendre sa musique, d'en faire l'éloge, et son admiration enthousiaste pour le grand compositeur se traduisait d'une façon assez pittoresque sur les feuillets de son carnet, où ces simples mots : *Vive Boieldieu!* se trouvaient sans cesse reproduits.

C'est à cette époque qu'il reçut des leçons d'un musicien anversois que sa mort prématurée n'empêcha pas d'être un artiste fort distingué. Je veux parler de Joseph Janssens, compositeur qui, bien que mort à trente-quatre ans à peine, s'est fait remarquer par un talent très-personnel, une fécondité rare et une singulière variété d'aptitudes. Fils d'un artiste intelligent qui était « chef d'orchestre » à l'église Saint-Charles, d'Anvers, Janssens, après avoir travaillé d'abord avec son père, se rendit fort jeune à Paris, y fut pendant deux

---

utile, dans nos petites soirées, pour faire danser au piano avec un entrain et une mesure qui amenaient la gaieté. Mais comme certains amis abusaient souvent de sa complaisance, il lui est arrivé plus d'une fois de ne pas venir et de faire manquer une soirée dansante (cela l'amusait !)... »

ans élève de Lesueur, puis retourna dans sa ville natale, où, chose singulière, il devint notaire et exerça cette profession tout en se livrant à de nombreux travaux de composition musicale. Outre trois opéras qu'il fit jouer à Anvers, *le Père rival* (1824), *la Jolie Fiancée, les Trois Hussards*, outre un grand oratorio, *In exitu Israël*, outre plusieurs cantates, *les Grecs, ou Missolonghi, de Toonkunst* (*la Musique*), *Winterarmoede* (*Pauvreté d'hiver*), il écrivit encore deux symphonies, cinq messes, quinze motets, des litanies, divers autres morceaux de musique religieuse, et enfin nombre de fantaisies, valses, chansons, romances et compositions de tout genre. Sur l'envoi qu'il avait fait d'un de ses motets à son maître Lesueur, celui-ci lui écrivait : «.... Il y a partout du goût, de la grâce, de l'énergie même, il y a de la chaleur, de l'inspiration, et déjà l'habitude de maîtriser vos idées et suivre vos motifs, qui sont pittoresques....» — Tel est l'artiste que Grisar eut pour premier maître (1).

---

(1) — Né à Anvers le 29 Janvier 1801, Jean-Fran-

On a dit à tort que la famille de Grisar avait fait tous ses efforts pour entraver son avenir musical. C'est une erreur; Grisar n'aimait point le commerce, mais lorsqu'il fut placé par son père chez un des confrères de celui-ci, cette antipathie ne s'était pas encore manifestée, et rien jusque-là n'était venu révéler d'une façon absolue ses tendances, sa vocation et ses aptitudes artistiques. Cependant, poussé par son esprit d'indépendance autant que par le désir d'entrer dans une voie plus conforme à ses goûts, le jeune homme finit par se rendre coupable, envers son patron, de certaines incartades qui amenèrent le résultat qu'il en avait espéré, c'est-à-dire son renvoi. Sur quelques exhortations paternelles à ce sujet, il se décida enfin à déclarer qu'il avait pris le commerce en horreur, et qu'il voulait absolument être musicien.

çois-Joseph Janssens mourut dans cette ville, le 3 Février 1835, à la suite de revers de fortune qui avaient ébranlé sa raison et déterminé une folie complète. Les renseignements qu'on vient de lire sont tirés d'une notice très-intéressante : *J.-F.-J. Janssens*, compositeur de musique, par Edmond Vander Straeten (Bruxelles, Sannes, 1866, in-3).

— Fort bien, lui dit alors son père, qui éprouvait pour tous ses enfants une vive affection. Mais rien, jusqu'ici, ne m'avait fait connaître tes désirs, et je dois ajouter que rien encore ne me prouve la sincérité de ta vocation. Pourtant, je ne demande pas mieux que de céder à tes instances, si tu peux me convaincre qu'elles sont raisonnables et justifiées. Tu vas rester six mois à la maison, pendant lesquels tu auras liberté pleine et entière. Tu emploieras ce temps à travailler selon ton goût, et si, au terme de l'épreuve, tu as produit quelque chose qui mérite encouragement, je te donnerai les moyens de suivre ta nouvelle carrière et te laisserai faire de grand cœur. Mais, dans le cas contraire, tu obéiras à mes volontés et retourneras à ta profession première.

Ceci se passait en 1829. Grisar avait vingt ans environ.

Il accepta avec joie l'arrangement proposé. Mais déjà la nature fantasque et capricieuse de son esprit se faisait jour, et, avant même de voir arriver la fin de son temps d'épreuve, il s'en vint dire à son père qu'il voulait toujours être musicien, mais qu'auparavant il lui fallait « faire fortune, » et que, dans ce but, il allait reprendre ses études commerciales interrompues. Ce fut alors, et *sur sa demande*, que son père l'envoya à Liverpool, chez un ami auquel il le recommanda.... comme son fils.

On voit donc que l'analogie qu'on a essayé d'établir entre les commencements de Grisar et ceux de M. Auber était absolument mal fondée. M. Auber apprit le commerce malgré lui, à son corps défendant. Grisar, au contraire, n'entreprit cette carrière que parce qu'il le voulut bien, et personne ne songea à entraver réellement ses goûts.

Pourtant, Grisar ne devait pas rester longtemps en Angleterre. La révolution de 1830 éclate comme un coup de foudre, et, soit curiosité, soit tout autre sentiment, à la première nouvelle de ce fait il quitte furtivement Liverpool et se rend à Paris. Ici, je ne crois pouvoir mieux faire que de céder la parole à M. Félix Grisar, et de citer ce nouveau fragment de lettre :

.....Albert était à peine depuis quelques mois

à Liverpool, quand éclatait la révolution de 1830, et mon père apprit, à son grand regret, qu'il avait disparu de cette ville et qu'il se trouvait à Paris. Une lettre échangée avec mon père, qui était la bonté personnifiée, rétablit l'accord, et il fut autorisé à prendre des leçons d'harmonie et de contrepoint chez Reicha. Mais quel ne fut pas notre étonnement quand, deux mois plus tard, un ami de la famille nous apprit qu'il avait vu Albert à Bruxelles, dans les volontaires du vicomte de Pontécoulant, venus de Paris au secours de la révolution belge de Septembre 1830 (1). Un de mes oncles est alors parti pour Bruxelles, s'est emparé d'Albert, et l'a mis en

(1) — « Après la révolution de Belgique, en 1830, Pontécoulant se souvint des années de son enfance passées dans ce pays, et vint, avec un corps de volontaires organisé par lui, sous le nom de *tirailleurs belges partisans*, offrir ses services au gouvernement provisoire établi à Bruxelles. Dès son arrivée, il fut nommé aide de camp du général Van Halen, reçut l'ordre de se rendre à Gand et d'y prendre le commandement de toutes les forces actives disséminées dans les deux Flandres. Il rendit d'importants services dans les émeutes populaires de ces provinces, se trouva comme volontaire à la bataille de Louvain et y fut blessé. » (FÉTIS, *Biographie universelle des Musiciens*).

diligence le soir même pour Paris. Car mon père était si mécontent de toutes ces fredaines qu'il ne lui permit pas de venir à Anvers, d'où ma famille allait du reste partir par crainte du bombardement....

II

Voilà donc Grisar au comble de ses vœux : installé enfin à Paris, et libre d'y suivre sans contrainte la carrière qu'il s'était choisie. A l'abri de toute inquiétude matérielle d'ailleurs, son père pourvoyant généreusement à ses besoins, et lui servant une pension largement suffisante. — Il avait alors à peine vingt-deux ans.

Dès son arrivée, il alla se loger dans un modeste et coquet appartement qu'il occupait encore, dans les derniers temps de son existence, au numéro 16 du boulevard Montmartre, et qu'il conserva par conséquent pendant trente-neuf ans (1). Puis il songea à mettre à profit la situation que les circonstances lui avaient créée, et se mit enfin sérieusement au travail sous la direction de Reicha, dont la réputation de théoricien, on le sait, était grande à cette époque, et qu'il avait choisi comme professeur de préférence à tout autre. Cependant, il n'eut guère le temps que d'ébaucher ses études, d'une façon superficielle. Dans le cours de 1832, en effet, il fut appelé à Anvers, et non-seulement il demeura en Belgique plus longtemps qu'il n'eût pu le prévoir, mais les circonstances firent qu'à partir de ce moment il entra dans la carrière active du compositeur.

Son père et sa mère se préparaient à célé-

(1) — Pendant le voyage que Grisar fit en Italie, où il devait passer seulement quelques mois, et où il resta sept ans environ (de 1841 à 1848), M. de Flotow, qui était au nombre de ses amis les plus intimes, fut mis par lui en possession de cet appartement, et y demeura pendant deux années entières. C'est là, je crois, que M. de Flottow écrivit sa partition de *l'Ame en peine,* qui parut à l'Opéra en 1846.

brer le vingt-cinquième anniversaire de leur mariage. Une petite fête de famille était organisée à ce sujet, Grisar fut naturellement appelé à y prendre part, et c'est à cette occasion qu'il se rendit à Anvers. Ce fait, insignifiant en apparence, ne fut pas cependant sans influence sur son avenir, comme on va le voir.

Sur le désir exprimé par ses frères, il s'occupait de réunir, pour la petite solennité de famille, les éléments d'un concert intime. C'est à ce propos qu'on lui demanda s'il n'avait pas en portefeuille un morceau, une composition quelconque, qu'il fût possible d'exécuter dans le cours de cette soirée, ce qui lui donnerait un attrait particulier et en augmenterait le charme pour chacun des assistants. Il répondit qu'il n'avait rien sous la main, mais se rappela alors qu'avant son départ pour Liverpool, il avait composé une romance qu'il croyait assez réussie; seulement, cette romance avait été confiée par lui à une dame des amis de la famille, virtuose amateur, qui chantait à merveille, afin qu'elle en prît connaissance et lui donnât son avis. Puis, étant inopinément parti pour l'Angletere, Albert ne s'en était pas occupé davantage, et il n'avait point conservé de double de cette romance, dont les paroles avaient été écrites pour lui par un de ses amis, M. Porret de Morvan (1).

On se consulte alors, et l'on décide qu'un des frères d'Albert, M. Félix Grisar, va se rendre incontinent chez la personne en question, et lui demander le morceau désiré. Sur cette demande, la dame répond au messager qu'en effet elle a en sa possession deux compositions de son frère : une valse pour le piano et une romance.

— C'est celle-ci qu'il me faut, lui est-il répondu.

— Mais c'est que je ne sais où elle est, et qu'en ce moment il me serait bien difficile de la découvrir.

— Veuillez la chercher, s'il vous plaît, car j'en ai besoin à l'instant même.

---

(1) — C'est à Bruxelles que Grisar avait connu M. Porret de Morvan, qui était Français, et qui devint sous-préfet sous le gouvernement de Juillet. « Je crois, me disait M. Félix Grisar dans une de ses lettres, que ce monsieur doit vivre encore. »

Enfin, la romance est cherchée, trouvée et rapportée joyeusement à la maison paternelle, où, le grand jour venu, un ami du jeune compositeur se met en devoir de la chanter (1). On s'attendait à une bluette sans grande importance, mais il se trouva qu'on avait affaire à un petit chef-d'œuvre de sentiment et de mélancolie, qui produisit un effet foudroyant. Tous les assistants avaient les larmes aux yeux à l'audition de cette mélodie touchante, et entourèrent aussitôt Grisar en le félicitant avec chaleur, en lui exprimant leur étonnement et leur plaisir. La romance, en effet, n'était autre que *la Folle*, qui devint si célèbre depuis dans le monde entier, et qui commença sa réputation.

Telle est l'histoire de cette mélodie adorable et expressive, dont le succès fut bientôt retentissant. Quelques erreurs ont été répandues à ce sujet. On a dit que Grisar avait été rappelé de Paris dans son pays par les événements politiques qui l'agitèrent alors (on était

(1) — M. Van Cappenberg, mort depuis.

aux environs de 1830); que surtout le danger que courait sa ville natale l'avait décidé à retourner auprès de ses parents ; enfin, que *la Folle* avait été composée « au milieu des horreurs d'un siége, » du bruit de la canonnade et du bombardement. Or, je puis certifier l'exactitude des renseignements qui précèdent, puisqu'ils m'ont été fournis par la famille elle-même, et l'on voit que ces renseignements concordent peu avec les détails un peu romanesques que je viens de rapporter. Je vais d'ailleurs les compléter par ce fragment d'une lettre de M. Félix Grisar :

.... Comme je vous l'ai dit, ce fut moi qui, quelques jours avant la soirée de famille, me rendis chez la dame en question pour réclamer ce morceau (écrit de la main d'Albert), et qui me fut remis, sans qu'il eût même été essayé par cette dame.

Sans cet incident, il y serait peut-être encore, et *la Folle* n'eût peut-être pas vu le jour.

Peu après, elle tombait dans le domaine public, sans qu'Albert fît jamais valoir ses droits d'auteur, et fit le tour du monde.

Car un des amis d'enfance d'Albert, qui habitait Rio-Janeiro à cette époque, en écrivait à son père, habitant Anvers et ami de notre famille, sans savoir que cette romance était d'Albert, son nom ayant même été omis sur l'exemplaire qu'on lui avait vendu à Rio.

En somme, Grisar avait à peine vingt ans lorsqu'il écrivit *la Folle*, puisque cette composition date d'avant son voyage à Liverpool, et qu'il partit pour cette ville en 1829. — Ses parents et ses amis firent des instances auprès de lui pour le décider à chercher un éditeur. Il le fit en effet, et la maison Schott, de Bruxelles, se chargea de la publication. Dans le même temps, Nourrit se trouvant en représentations dans cette ville, Grisar alla le trouver et lui présenta timidement sa romance, en lui demandant ce qu'il en pensait. Nourrit en fut ravi, et presque aussitôt la chanta au théâtre de la Monnaie, où elle fut accueillie avec une sorte d'enthousiasme. Le grand artiste la rapporta en France, à son retour, et se mit en devoir de la faire entendre dans tous les salons où il était appelé. On conçoit que cette expansion donnée à son œuvre était pour Grisar, dont elle faisait connaître le nom, un véritable coup de fortune. Je parle ici, cela va sans dire, au point de vue de la renommée, car *la Folle* ne lui rapporta pas un centime : l'éditeur belge avait consenti à la publier, il est vrai, mais sans rémunération aucune, et quant aux éditeurs français, les lois internationales sur la propriété intellectuelle n'existant pas à cette époque, ils s'empressèrent de couvrir le territoire de contrefaçons de l'édition belge, dans le produit desquelles l'auteur n'avait absolument rien à réclamer. On a vu même que sur certaines éditions une aimable nonchalance avait laissé oublier le nom du compositeur ; sur d'autres, c'est celui de l'auteur des paroles qui brille par son absence (1).

---

(1) — Le manuscrit autographe de *la Folle*, d'une écriture nette et superbe, est aujourd'hui entre les mains de M. Félix Grisar. Il est à remarquer que ce manuscrit porte pour titre, non *la Folle*, mais *l'Insensée*. Ce petit détail complète l'historique de la célèbre romance.

J'ajouterai pourtant que la vogue de *la Folle* fut si grande qu'elle engendra des interprétations et des paraphrases musicales, tout comme il arrive pour

Mais ce premier succès devait en amener d'autres. Grisar, mis en vue grâce à l'aide de Nourrit, se trouvant d'ailleurs tout naturellement en relations avec l'administration du théâtre de la Monnaie, et enfin étant vivement appuyé par un homme important, M. Charles Rogier, son ami intime, alors ministre de l'intérieur, songea à mettre à profit cette situation. Un de ses amis, Victor Hanssens (1), eut l'idée d'arranger pour lui

---

nos grands airs d'opéras. J'en citerai deux, qui sont venues à ma connaissance : « *La Folle,* fantaisie romantique pour le piano, » par Amédée Méreaux, et « *la Folle,* fantaisie caractéristique pour le piano, » par Duvernoy. Je ne doute pas qu'il n'y en ait d'autres, mais je ne saurais les signaler.

(1) — Victor-Guillaume-Antoine Hanssens, né à Gand le 5 Septembre 1803, chef de bureau au ministère de l'intérieur, collaborateur de la *Belgique musicale*, du *Diapason*, etc., mort à Saint-Josse-ten-Noode lez Bruxelles le 24 Avril 1869, quelques semaines seulement avant Grisar, son intime ami. Il était le cousin-germain de M. Charles-Louis Hanssens, qui était récemment chef d'orchestre du théâtre de la Monnaie de Bruxelles, et le neveu (avec celui-ci) de feu Charles-Joseph Hanssens, qui fut aussi chef d'orchestre, puis directeur de ce même théâtre.

en opéra-comique un petit vaudeville de Mélesville et Carmouche, *le Mariage impossible;* il en fit aussitôt la musique, et l'ouvrage, représenté à Bruxelles le 4 Mars 1833, y obtint un grand succès, quoique, au dire de M. Fétis, il fut «faible de conception.» Ceci est possible, mais l'on ne doit pas oublier qu'il s'agit ici de la première œuvre d'un jeune artiste de vingt-quatre ans. L'interprétation, du reste, n'avait pas nui sans doute au succès. Grisar n'avait pas eu à se plaindre sous ce rapport, les deux principaux rôles du *Mariage impossible* ayant été confiés à Chollet et à Mlle Prévost, qui faisaient alors partie du personnel de la Monnaie, et qui devaient escalader rapidement les planches de l'Opéra-Comique, où le compositeur les retrouverait sous peu tout prêts à lui rendre un nouveau service.

Quoi qu'il en soit, il est utile de connaître l'impression de la critique au sujet de cette première production d'un artiste encore inexpérimenté, mais dont l'avenir devait être brillant. *L'Indépendant,* de Bruxelles, dans son numéro du 18 Mars, consacrait un feuil leton à l'appréciation de l'œuvre du jeune compositeur belge. Voici les passages les plus saillants de cet article:

.... L'œuvre de M. Grisar a été accueillie avec des transports tels que ceux qui n'en ont pas été témoins s'en feraient difficilement une idée. Cette circonstance impose une certaine réserve à nos éloges....

Nous commencerons par faire cette remarque, qu'en général la musique du *Mariage impossible* affecte peu les formes rossiniennes; elle rappelle bien plus l'école française....

L'ouverture est remarquable à plusieurs égards. Le chœur des chasseurs qui ouvre la scène est écrit avec une suite dans les idées, un enchaînement et, si l'on peut ainsi dire, une lucidité dans les développements qu'on ne rencontre pas toujours dans le reste de l'ouvrage. Le duo qui suit immédiatement est fort ingénieusement dialogué : on y rencontre des détails spirituellement conçus et des combinaisons assez habiles.... Ce que nous pouvons louer sans restriction, c'est le finale du premier acte. Il est d'une vigueur rare. L'*andante* est d'un caractère grave et d'un style large. L'*allegro* a du nerf. La distribution des voix est riche en effets heureux. La phrase musicale : *Que mon cœur est ému*, est brillante et animée.

Au second acte, nous citerons comme particulièrement digne d'estime un duo très-dramatique entre Chollet et Mlle Prévost, où s'opère la reconnaissance des deux amants. Il y a là de la profondeur et de la passion.

L'orchestre de M. Grisar a de la force et se distingue par une distribution bien entendue. L'accompagnement est peut-être quelquefois trop chargé : il étouffe assez fréquemment la voix du chanteur. On a remarqué avec raison que M. Grisar a employé presque toujours la mesure *en* trois temps, ce qui a imprimé quelque monotonie à sa partition.

En définitive, *le Mariage impossible* est l'œuvre d'un jeune homme qui promet de fournir une brillante carrière, et d'honorer un jour le pays qui a vu naître Gossec et Grétry (1).

(1) — On pense bien que la ville d'Anvers, déjà fière du jeune artiste qu'elle avait vu naître, s'empressa de jouer l'ouvrage qui lui avait valu son premier succès dramatique. *Le Mariage impossible* fut représenté sur le théâtre des Variétés d'Anvers, le 31 Mars 1833, c'est-à-dire vingt-sept jours après son apparition à Bruxelles. Grisar assistait à la représentation. « *Le Mariage impossible*, disait l'*Écho de Bruxelles* du 4 Avril 1833,

La représentation du *Mariage impossible* fut le prétexte d'une gracieuseté faite à Grisar par le gouvernement belge. Sur la demande de son ami, M. Charles Rogier, un subside de 1,200 francs, pour trois ans, fut accordé au compositeur, à la condition par lui de se rendre en Italie pour y étudier la musique

---

a obtenu un grand succès au théâtre des Variétés d'Anvers. Demandé avec instance sur la scène, M. Grisar s'est contenté de saluer et de remercier de sa loge. » Peu de jours après, un autre journal disait : « On nous donnera aujourd'hui une représentation du *Mariage impossible* de M. Grisar. Encore une fois les loges sont toutes louées à l'avance. » Enfin, Grisar fut l'objet, en cette circonstance, d'une manifestation particulièrement flatteuse, qui était ainsi relatée dans une correspondance d'Anvers publiée par la *Gazette des Théâtres*, de Paris, du 18 Avril 1833 : « Plusieurs artistes de cette ville, appartenant tous à la nouvelle école et parmi lesquels on distingue MM. Wappers, Marines, Mathieu, Geefs, Corr et Schaepkem, avaient ouvert entre eux une souscription à l'effet d'offrir une médaille à l'auteur du *Mariage impossible*. Cette médaille a été offerte à M. A. Grisar au commencement de cette semaine. »

En ce qui concerne Bruxelles, *le Mariage impossible* y fut représenté onze fois, du 4 Mars 1833 au 5 Mars 1834.

belge qu'il y pourrait découvrir dans les archives des églises, et de faire à ce sujet un rapport au gouvernement. Cette condition n'était évidemment qu'apparente; le chiffre modique de la somme allouée semble l'indiquer d'ailleurs suffisamment. Toujours est-il qu'elle ne fut pas remplie à cette époque. Grisar ne se rendit en Italie que longtemps après, et pourtant, comme on le verra plus tard, il se rappela alors la mission dont on l'avait chargé et adressa à ce sujet au ministre, non pas un, mais plusieurs rapports qui furent accueillis avec une grande satisfaction (1).

Non, ce n'est pas l'Italie qui occupait en ce moment son imagination. Ses idées se reportaient alors uniquement sur Paris, sur ce centre d'activité féconde, sur ce vaste foyer intellectuel qui semble attirer invinciblement à lui toutes les natures d'élite, tous les

(1) — A propos de ce subside, M. Félix Grisar m'écrivait : — « C'était un simple encouragement, car Albert a toujours reçu de sa famille autant d'argent qu'il lui en fallait pendant sa période d'études. »

esprits distingués, tous ceux qui, se sentant quelque chose dans l'âme et dans le cœur, veulent l'exprimer à l'aide d'un outil quelconque: ciseau, plume ou pinceau. Grisar, après s'être produit une première fois dans son pays, songeait à se faire connaître chez nous, en France, et à y aborder le théâtre, ce rêve doré de tous les jeunes compositeurs. Sous ce rapport il fut heureux, comme il le fut d'ailleurs presque constamment dans le cours de sa càrrière, —car Grisar n'eut guère à se plaindre ni de la chance, ni du public. Non-seulement ce rêve devint pour lui une réalité, mais la réalisation en eut lieu d'une façon tellement rapide, que plus d'un eût pu s'en montrer étonné. Trois ans seulement après la représentation à Bruxelles du *Mariage impossible*, Grisar faisait ses débuts sur la scène de l'Opéra-Comique, et trois autres années s'étaient à peine écoulées qu'il avait produit successivement devant le public six ouvrages plus ou moins importants. Quel est donc celui de nos jeunes musiciens auquel pareille chance se présente aujourd'hui?

III

Grisar revint donc s'établir à Paris, cette fois pour tout de bon, et se remit à l'œuvre. Le succès de *la Folle,* que Nourrit avait fait connaître et que l'admirable Mme Malibran popularisait par toute l'Europe en arrachant des larmes de tous les yeux, ce succès, qui avait commencé à mettre son nom en lumière, lui ouvrit les portes des éditeurs en renom. Il commença par publier un certain nombre de romances qui furent remarquées, entre autres celles intitulées : *Adieu, beau rivage de France*, *l'Arrivée du Régiment*, et surtout *les Laveuses du Couvent*, dont la vogue dura pendant plus de dix années, et qui se vendirent à des milliers d'exemplaires.

La romance, ce petit poëme musical d'un tour si français, d'un caractère si élégant et si fin, cette enfant de notre sol, qui joignait la sensibilité à la grâce, le charme à l'émotion, et qui, moins poétique peut-être, mais plus variée que le *lied* allemand, moins originale parfois, mais plus touchante que la *canzone* italienne, prenait une allure tour à tour tranquille et sereine, mélancolique et rêveuse, tendre et émue, fière et généreuse, ardente et passionnée, la romance alors n'était pas tombée, ainsi qu'elle le fit plus tard, aux mains des fabricateurs de bas étage qui la discréditèrent aux yeux du public et la firent peu à peu remplacer par la chanson idiote ou graveleuse, telle que nous la voyons régner en souveraine aujourd'hui. Cultivée naguère par nos artistes les plus exquis, Martini et Devienne, Dalayrac et Boieldieu, Garat et Blangini, Ferrari et Dalvimare, Plantade et Pradher, Romagnesi et Mme Gail, la romance n'avait alors rien perdu de ses premiers attraits, et inspirait bon nombre de musiciens charmants. Grisar venait se joindre à ce groupe de compositeurs d'une inspiration plus ou moins soutenue, plus ou moins abondante, parmi lesquels nous retrouvons les noms aimés de Masini, d'Amédée de Beauplan, de Panseron, d'Édouard Bruguière, de Clapisson, de Frédéric Bérat, d'Hippolyte Monpou, de Théodore Labarre, de Vimeux, de Mmes Loïsa Puget et Pauline Duchambge, et du premier coup il se plaçait à leurs côtés. Mais, comme quelques-uns de ceux que je viens de nommer, il visait plus haut, et son ambition n'était point satisfaite par ces succès obtenus dans un genre secondaire (1).

---

(1) — Un fait à consigner ici, à propos des romances de Grisar.

Le 1er Janvier 1839 paraissait le premier numéro d'une feuille spéciale, *l'Écho musical*, publiée par l'éditeur Bernard-Latte et assez insignifiante d'ailleurs. Pour attirer sans doute l'attention sur cette feuille, son directeur plaçait en tête de son vingtième numéro (en date du 15 Octobre 1839, le journal pa-

Il avait fait tout naturellement connaissance avec Mélesville, qui s'était trouvé involontairement son collaborateur par le fait de la transformation en opéra de son vaudeville

---

raissant tous les quinze jours) l' « avis aux souscripteurs » que voici :

« *L'Écho musical* compte à peine une année, et déjà nous avons à nous féliciter de son succès. Sensibles à cet accueil bienveillant du public, nous annonçons avec plaisir à nos souscripteurs que, par acte passé entre l'administration et MM. H. Monpou et A. Grisar, elle vient de s'associer la collaboration de ces deux compositeurs, dont le mérite musical ne peut qu'ajouter à la réputation de notre feuille, et promet à nos amateurs un bon choix de romances. »

A partir du numéro suivant (1er Novembre), le titre du journal était ainsi conçu : « L'ÉCHO MUSICAL, *revue des théâtres, des concerts et des modes* (!), sous le patronage de MM. Hip. Monpou et A. Grisar. » Puis il publiait successivement plusieurs mélodies dues à la plume de ses deux « patrons » : *Ce que j'aime le mieux*, de Grisar (no 20); *l'Arbre de Noel*, de Grisar (n° 21); *l'Oraison de Sainte-Geneviève*, de Grisar (no 27); *le Capitaine négrier*, de Monpou (n° 29); *Mignon*, de Grisar (n° 30).

Pour obéir aux lois inflexibles de l'histoire, je dois constater que ceci n'empêcha pas *l'Écho musical* de mourir de langueur, dans le trente-troisième numéro de son âge, le 1er Mars 1840.

le Mariage impossible. Celui-ci consentit, sur sa demande, à lui faire un véritable livret, et lui donna bientôt celui de *Sarah,* ou *l'Orpheline de Glençoé.* Voulant mettre à profit sans doute la grande et rapide popularité de la première production de Grisar, Mélesville avait d'abord intitulé cet ouvrage *la Folle,* ce qui a fait croire depuis que l'idée initiale de l'opéra avait été empruntée par lui à la célèbre romance de son collaborateur. Ceci est inexact, et le sujet de *Sarah* fut puisé dans une nouvelle de Walter Scott, dont les œuvres étaient si fort à la mode en France à cette époque.

Le livret de *Sarah* était d'abord en un acte, et c'est ainsi que la partition en avait été écrite. Comme la pièce était reçue et que l'Opéra-Comique se pressait peu de la jouer, Grisar tourmentait son éditeur, M. Bernard-Latte, afin que celui-ci lui fît obtenir un tour de faveur. Pensant qu'une audition intime et complète de l'ouvrage pourrait être à cet effet de quelque utilité, M. Bernard-Latte organisa, chez Mélesville, une soirée où toute la musique de *Sarah,* y compris les chœurs, fut exécutée. Les rôles étaient chantés, en cette circonstance, par notre excellent Couderc, Jansenne et Deslandes, qui devaient les créer à l'Opéra-Comique, et par Mlle Rossi, devenue plus tard Mme Rossi-Caccia, qui, faisant partie alors, ainsi que sa mère, des chœurs du Théâtre-Italien, cherchait toutes les occasions de se produire. Cette exécution fut si heureuse que l'on décida que l'ouvrage, au lieu de rester en un acte, serait mis en deux; de plus, le directeur de l'Opéra-Comique s'engagea à en commencer les études aussitôt que cette transformation serait opérée. *Sarah* fut donc représentée le 26 Avril 1836, et jouée, pour le côté masculin, par les trois artistes que je viens de nommer, et, pour le côté féminin, non plus par Mlle Rossi (qui cependant fut engagée au théâtre Favart et qui reprit le rôle dans la suite), mais par cette actrice charmante, cette chanteuse aimable, cette femme si pleine de grâce et de beauté qui avait nom Jenny Colon, et qui faisait dans l'ouvrage nouveau, non point sa première apparition à l'Opéra-Comique, comme il a été dit par erreur, mais une rentrée presque éclatante à ce théâtre, après s'en être tenue éloignée pendant plusieurs années (1).

(1) — On sait que cette artiste adorable, dont les succès à Paris furent jadis retentissants, fut l'objet d'un ardent amour de la part du pauvre Gérard de Nerval. Le biographe de celui-ci, Alfred Delvau, dans son petit livre intitulé : *Gérard de Nerval, sa vie et ses œuvres*, lui a consacré les lignes que voici :

« *Marguerite*, dite *Jenny* Colon, était née à Boulogne-sur-Mer, le 5 Novembre 1808, d'une famille de comédiens obscurs dont elle devait illustrer le nom. En 1822, à quatorze ans, elle avait débuté au théâtre Feydeau dans un opéra-comique de Dalayrac, *les Deux petits Savoyards*, et son succès avait été aussi complet que celui de Léontine Fay plus tard. Le public aime les prodiges. En 1823, elle avait débuté au Vaudeville par un rôle plus *sérieux*, dans une pièce de Paul de Kock, *la Laitière de Montfermeil*, et avait obtenu le même succès. Le public parisien l'avait décidément adoptée. Le 27 Octobre 1828, elle avait débuté aux Variétés dans *la Semaine des Amours*, de Dumanoir, puis avait couru la province, et, finalement, était revenue à son berceau, l'Opéra-Comique, où elle était rentrée par le rôle de Sarah, dans la pièce de Grisar. Le grand opéra la tentait : elle avait été s'y essayer à Bruxelles, où elle avait joué le rôle de Marguerite des *Huguenots*, le 6 Juin 1841. C'était la dernière fois qu'elle devait paraître sur un théâtre. Épuisée, malade, elle s'en venait mourir à

Malgré l'attrait de la présence de Jenny Colon, *Sarah* n'obtint guère plus que ce que nous appelons un « succès d'estime. » Le poëme de Mélesville, honnête et banal, était ainsi jugé par un critique : — « Ce nouveau *libretto* dénote l'habitude du genre. Je ne dirai pas, comme tous nos feuilletonistes littéraires, qu'*il est bien coupé pour la musique*, car il gagnerait beaucoup à être réduit

---

Paris, un an après, le 5 Juin 1842. En 1824, au printemps de sa vie et de ses succès, elle avait épousé Lafont, acteur du Vaudeville, devant le forgeron de Gretna-Green, un jardinier plutôt qu'un forgeron, puisque ses chaînes sont des chaînes de fleurs, que le temps flétrit et que brise la loi. Plus tard, mieux avisée, elle avait eu « un faible » pour un artiste de son théâtre et avait consenti à devenir sa femme. Mais, contraste singulier et bien fait pour réjouir le moraliste et le philosophe, c'était précisément le mariage qui devait être le plus caché qui avait été le plus su, et celui qui devait être le plus su qui avait été le plus caché... »

Cette rapide notice est inexacte en un point. Le mariage de Jenny Colon fut si peu caché qu'elle ajouta à son nom celui de Leplus, son mari, première flûte à l'Opéra-Comique, et que dans la suite on la désignait toujours sous le nom de Mme Jenny Colon-Leplus.

en un acte. Quoi qu'il en soit, tel qu'il est, ce *poëme* est suffisamment musical, et passera sans difficultés aux représentations suivantes, attendu que si rien ne vous y étonne, ne vous saisit, rien non plus ne vous y choque: vous vous trouvez là en compagnie de gens et de situations de connaissance. Il y a beaucoup de personnes qui n'aiment pas les nouvelles figures, et, sous ce rapport, celles de M. Mélesville leur conviendront. »

Ces réflexions pourraient presque s'appliquer à la partition de Grisar. La musique de *Sarah* est estimable, distinguée, aimable parfois, claire et mélodique, mais ce n'est ni par l'audace, ni par la nouveauté qu'elle brille, non-seulement au point de vue de la forme, mais même au point de vue de l'idée. Parmi les morceaux les plus saillants, il faut en citer l'ouverture, qui ne manque pas d'une certaine couleur (mais qui est bien mal écrite pour les violons), l'air très-gai de Dougal, compris dans l'introduction, et qui est finement instrumenté; la romance d'Evon, d'un dessin musical un peu fruste, mais d'un caractère touchant; un assez joli duo pour soprano et ténor, et enfin deux chœurs francs et mouvementés, qui furent particulièrement bien accueillis. La qualité la plus remarquable peut-être de cette partition est l'éclat assez vif et l'heureux coloris de l'instrumentation; encore peut-on dire de celle-ci qu'elle est conçue d'une façon très-fâcheuse pour les instruments à cordes. Son défaut le plus grave est le manque de fraîcheur dans l'idée, auquel on peut ajouter le manque d'expérience en ce qui concerne la modulation. Tout bien pesé, cependant, *Sarah* n'était pas un début malheureux, et l'on a vu des compositeurs, même très-distingués, s'annoncer plus modestement (1).

(1) — L'ouvrage fut joué un assez bon nombre de fois, grâce un peu, il faut le dire, au grand succès de *l'Ambassadrice*, donnée à la fin de 1836, et aux représentations de laquelle, une fois sa première veine épuisée, on le fit servir d'appoint. Pour cela, on pratiqua dans la partition de larges coupures, et l'on supprima particulièrement un chœur d'un grand effet: *Sur la rive étrangère....* Ce chœur, confié par l'éditeur à M. Foulon, l'un des directeurs de l'Orphéon, fut exécuté avec un succès foudroyant, par la masse de toutes les sociétés de Paris réunies,

Pour remercier son ami Charles Rogier de l'appui qu'il lui avait précédemment prêté, Grisar lui dédia en ces termes la partition de *Sarah :*

Mon cher Rogier, je n'oublierai jamais que c'est vous qui m'avez ouvert la carrière en faisant représenter à Bruxelles, lors de votre ministère, mon opéra du *Mariage impossible.* Permettez moi aujourd'hui de vous dédier *Sarah*, mon premier ouvrage représenté en France, comme un gage de ma reconnaissance et de mon inaltérable amitié.

ALBERT GRISAR.

Le 23 Juin 1837, environ une année après la représentation de *Sarah*, Grisar donnait à l'Opéra-Comique un petit acte intitulé *l'An mil*, dont Mélesville lui avait encore fourni les paroles, cette fois en compagnie de M. Paul Foucher. Le poëme de *l'An mil* inspira médiocrement le compositeur, et il en résulta pour lui et ses collaborateurs un demi-échec.

---

dans une grande séance à laquelle assistait officiellement le jeune comte de Paris. — La partition de *Sarah* fut payée 8,000 francs à Grisar.

Grisar s'en consola en publiant coup sur coup un certain nombre de romances: *Au nom du Père*, *l'Enfant du Chasseur*, *Prenez espoir*, *le Bandoulier*, *Tragala*, *la Capette*, *S'il faut quitter la noble terre...*, et en écrivant pour le théâtre de la Renaissance, récemment ouvert à la salle Ventadour, sous la direction de Ferdinand de Villeneuve et d'Anténor Joly, la partition d'un ouvrage nouveau en trois actes, *Lady Melvil*, ou *le Joaillier de Saint-James*.

Je ne veux pas faire ici l'histoire de ce théâtre resté célèbre, dont l'existence, si désastreuse au point de vue financier, si brillante au point de vue artistique, ne se prolongea guère au delà de deux années, et qui fut tué par les chicanes que lui cherchèrent l'Opéra et l'Opéra-Comique, lesquels voyaient en lui un rival redoutable et se souciaient peu de sa concurrence. Il n'est pas sans intérêt, cependant, de rappeler en peu de mots ce qu'il fut et ce qu'il fit. — On sait que la Renaissance jouait indistinctement tous les genres : tragédie, comédie, drame, opéra et vaudeville ; elle tâta même du ballet avec Perrot et Carlotta Grisi, l'adorable créatrice de *Giselle*. Elle avait une troupe merveilleuse, dans les rangs de laquelle se trouvaient nombre d'artistes déjà célèbres ou appelés à le devenir : Frédérik Lemaitre, Montdidier, Guyon, Féréol, Saint-Firmin, Hoffmann, Landrol, Hurteaux, Joseph Kelm, Euzet, Chambéry, Volnay, Chéri, Alexandre, Daudé, Henry, Mmes Dorval, Anna Thillon, Albert, Ida Ferrier, Guyon, Mathilde Payre, Louise Beaudoin, Moreau-Sainti, Chambéry, Pougaud, Mareuil, Jenny, Fédé, Clary, Level, Crécy... Dans les derniers mois de 1838, le théâtre ouvrit avec éclat par le *Ruy-Blas* de Victor Hugo, escorté d'un prologue en vers, de Méry (en vers exécrables, par parenthèse); puis, vinrent tour à tour *la Fille du Cid*, de Casimir Delavigne ; *le Proscrit*, *Diane de Chivri*, *le Fils de la Folle*, de Frédéric Soulié ; *l'Alchimiste*, d'Alexandre Dumas ; *le 24 Février*, de Camille Bernay ; *Bathilde*, le début dramatique de M. Auguste Maquet ; *Deux jeunes Femmes*, de Saint-Hilaire ; *les Camarades du Ministre*, d'Émile Vanderburch ; *Mme de Brienne*, de M. Saint-Yves ;

et, dans le domaine musical: *le Naufrage de la Méduse*, de MM. Pilati et de Flottow; *Olivier Basselin, Mlle de Fontanges;* de M. Pilati; la traduction de *Lucie de Lamermoor*, de Donizetti; *Perugina*, *la Chaste Suzanne*, d'Hippolyte Monpou; *le Zingaro*, de Fontana; *la Jacquerie*, de Joseph Mainzer; *le Roi Margot*, de Thys; *Lady Melvil*, *l'Eau merveilleuse*, de Grisar; *la Chasse royale*, de Jules Godefroid; *le Jugement dernier*, de M. Vogel, etc., etc.

On voit que la Renaissance faisait une large part à la musique. Dès les premiers jours de son existence, elle sembla vouloir attirer particulièrement à elle deux des jeunes compositeurs sur lesquels on fondait alors les plus légitimes espérances pour l'avenir: le pauvre Hippolyte Monpou, musicien de plus de génie peut-être que de talent, qu'une mort prématurée empêcha de donner la mesure de sa valeur, et Grisar, qui justifia pleinement par la suite tout ce qu'on attendait de lui. C'est celui-ci qui entra le premier en lice, et inaugura le genre lyrique à la salle Ventadour par *Lady Melvil*, en compagnie de

M. Pilati, qui donnait le même soir *Olivier Basselin*.

Lady Melvil, dont le poëme avait été écrit par MM. de Saint-Georges et de Leuven, et qui avait pour principaux interprètes la charmante Anna Thillon, l'excellent Féréol, le créateur de Dickson de *la Dame Blanche*, que l'Opéra-Comique avait fait la sottise de laisser échapper, et Saint-Firmin, fut représentée le 15 Novembre 1838, et devint précisément le prétexte d'un des innombrables procès que la direction de l'Opéra-Comique intenta à la Renaissance, en prétendant que celle-ci empiétait sur les termes de son privilége. Ce privilége — absurde, comme tous ses semblables — concédait bien en effet au théâtre de la Renaissance la faculté de jouer des ouvrages lyriques, mais voici dans quelles singulières conditions : un ouvrage dialogué, dans la forme de l'opéra-comique, ne pouvait contenir aucune espèce de morceaux concertants, duos, trios, etc., et devait se borner à présenter des airs, des couplets et des chœurs ; quant à ceux qui affectaient la forme de l'opéra, c'est-à-dire dans lesquels le dialogue était écrit en récitatifs, ils ne pouvaient comporter plus de deux actes.

Ainsi tenu en lisière par les conditions étroites qui étaient faites au théâtre, et qui pourtant, paraît-il, avaient été enfreintes (on n'a jamais pu savoir de quelle façon), Grisar ne put donner dans *Lady Melvil* libre cours à sa fantaisie (1). Son œuvre s'en ressentit, et n'obtint qu'un succès relatif, malgré l'excellence de l'interprétation, et l'attrait qu'exerçait déjà sur le public la blonde, vaporeuse et britannique cantatrice qui s'appelait Anna Thillon, celle-là même qui devait, deux ans après, avoir l'honneur de présenter la première à ce public français la *Lucie* de Donizetti. Je trouve d'elle justement, dans un journal spécial du temps, *le Monde dramatique*, à propos de *Lady Melvil*, dans laquelle elle faisait ses débuts, un petit

(1) — *Lady Melvil* était qualifiée de « comédie en trois actes, mêlée de chants. » J'aurai plus tard à reparler de cet ouvrage, au sujet de la reprise qui en fut faite à l'Opéra-Comique, en 1862, sous son second titre : *le Joaillier de Saint-James*.

croquis que je ne veux pas laisser échapper (1) :

---

(1) — Fondé quelques années auparavant par Frédéric Soulié et Gérard de Nerval, *le Monde dramatique*, qui était assurément le journal le plus intéressant et le plus varié en son genre qu'on ait jamais connu en France, était devenu, dès l'ouverture de la Renaissance, comme une espèce de Moniteur des hauts faits de ce théâtre, lequel, du reste, en valait bien la peine, et méritait à plus d'un titre qu'on s'intéressât à sa prospérité.

Le Monde dramatique était une sorte d'arène ouverte à tous les défenseurs du romantisme, et l'on peut dire que ses colonnes étaient le rendez-vous de l'élite des gens de lettres contemporains : les articles de critique et de variétés portaient les noms d'Alexandre Dumas, Gérard de Nerval, Saint-Marc-Girardin, que l'Académie n'avait pas encore rendu grave, Lassailly, Frédéric Soulié, Antony Béraud, qui devait être plus tard directeur de l'Ambigu-Comique, Louis Lurine, Anicet Bourgeois, Édouard Ourliac, Camille Berru, Gustave Planche, Louis Huart, Molé-Gentilhomme, Félix Deriège, Régnier, de la Comédie-Française, Édouard Monnais, Paul Payne, Th. Vauclare, Arthus Fleury, Émile de Géricourt, Burat de Gurgy, Mary Lafon, auxquels venait se joindre la joyeuse cohorte des vaudevillistes du temps, Brazier, Dumersan, Rochefort père, Roger de Beauvoir, Davrecourt, Jacques Arago, Coupart, de Rougemont, Merle, Dupeuty, Alboize, Warez,

.... Mme Anna Thillon, disait ce journal, est une jeune cantatrice anglaise, qui a obtenu en province et sur des scènes assez élevées des succès mérités. Cette actrice est douée d'une charmante figure; ses manières ont de la grâce, de la distinction, et son accent légèrement britannique n'est pas sans quelque charme. Quant à la voix de la cantatrice, c'est un mélange de douceur, de flexibilité, qui lui donne quelque analogie avec celle de Mme Damoreau; son timbre est ravissant, et ses sons d'une exquise pureté, d'une fraîcheur native. C'est à la fois le chant élégant et perlé du rossignol et le gazouillement gracieux de la fauvette. Mme Thillon, avec de pareils avantages, ne pouvait qu'obtenir un triomphe complet; aussi le public lui a-t-il décerné la plus

---

Couailhac, etc.; — le canton musical y était occupé par Hector Berlioz, Adolphe Adam, Mainzer, Henri Blanchard, D. Mondo, Hédouin, Dessalle-Régis; — la poésie était représentée par MM. Henri de Lacretelle, Hippolyte Lucas, Mmes Mélanie Waldor, Anaïs Ségalas; — enfin, les dessins étaient signés : Gavarni, Célestin Nanteuil, Daumier, Eugène Forest, Leleux, Grévedon, Alexandre Lacauchie....

Il m'a semblé qu'il n'était pas sans intérêt de consigner ici quelques souvenirs relatifs à ce vaillant petit journal.

flatteuse des ovations, et l'a-t-il couverte de bravos.

Mais si le succès de la chanteuse avait primé cette fois celui du compositeur, si ce dernier voyait son œuvre accueillie avec réserve, il allait bientôt prendre sa revanche avec un nouvel ouvrage. En effet, *l'Eau merveilleuse*, représentée peu de mois après, transporta le public et réussit avec éclat.

M. Sauvage, auteur du livret de ce dernier opéra, a raconté comment, presque malgré lui, celui-ci tomba entre les mains de Grisar (1). Je lui emprunte ce petit récit.

En prenant sa direction, dit-il, de Villeneuve m'avait demandé un opéra. Je lui envoyai *l'Eau merveilleuse*. Peu de jours après cet envoi, il me fit prier de passer chez lui. Là, je le trouvai avec Anténor Joly, son associé. On touchait fortement du piano dans l'appartement au-dessus.

— Eh bien, mon opéra ? qu'en dîtes-vous ?

(1) — Dans une courte notice publiée à la mort de Grisar dans les numéros de la *Revue et Gazette musicale* des 27 Juin, 4 et 11 Juillet 1869.

Le piano continuait très-accentué. Les deux directeurs se regardaient d'un air embarrassé.

— Ah ! ah ! je comprends : je me suis trompé, n'est-ce pas ?

Fortissimo de piano !

Tendant la main comme un pauvre, j'attendais mon manuscrit.

— Non, dit Villeneuve, ce n'est pas cela !

Toujours avec accompagnement du piano supérieur.

— Votre ouvrage nous plaît, mais c'est que....

— Quoi ?

— Entendez-vous un piano, là-haut ?

— Certainement, il faudrait être sourd !... Mais quel rapport ?

— C'est votre partition que l'on compose !

— Ah bah !... et qui donc ?

— Grisar.

— Grisar ? répétai-je en faisant la grimace. J'ai bien entendu *Sarah*, *l'An mil*..., mais, je vous l'avouerai, je n'ai pas confiance en M. Grisar pour mon poëme, et je trouve que vous avez agi un peu légèrement en le lui remettant sans mon consentement.

— J'en conviens, dit Anténor, aussi n'avons-nous pris aucun engagement, et vous êtes libre de lui retirer votre libretto.

— Je l'entends bien ainsi!

— Hier, ajoute Villeneuve pour se disculper, après en avoir entendu la lecture, il nous l'a enlevé presque de force, et depuis il n'a pas quitté son piano, — qui, en effet, résonnait de plus belle, accompagné d'un autre bruit plus lourd : c'est que Grisar, en composant, frappait avec fureur et les touches de ses mains et le plancher de ses pieds.

— Enfin, pour terminer, reprit Villeneuve, nous allons faire descendre Grisar.

On l'envoie avertir. Pendant ce temps, moi je boudais, fort mécontent d'avoir à faire une pareille exécution ; mais quoi ? Je n'avais pas confiance!

Grisar arrive. En me voyant, il comprit à mon air refrogné de quoi il s'agissait; cependant Villeneuve le lui expliqua.

— Je suis bien fâché de cette résolution, dit alors Grisar avec découragement. Votre ouvrage me plaît beaucoup, Monsieur; j'en suis certain, j'en aurais fait un *chef-d'œuvre*!

Grisar ne faisait pas la petite bouche lorsqu'il parlait de lui ; on le verra quand je citerai sa correspondance. — Son air triste et désappointé, son accent convaincu, me touchèrent.

— Un *chef-d'œuvre*, Monsieur, m'écriai-je en

riant et en lui tendant la main. Eh bien! faites-le, puisque vous êtes en train; je m'en rapporte à vous!

Voilà comment j'ai connu Grisar. — Ceci se passait en 1838, dans la même maison, boulevard Montmartre, 16, où trente et un ans après nous nous sommes réunis, le 17 Juin 1869, pour accompagner Albert Grisar à sa dernière demeure.

On voit de quelle singulière façon Grisar fut chargé d'écrire la partition de *l'Eau merveilleuse.* Son collaborateur n'eut pas, du reste, à se repentir de la confiance tardive qu'il avait eue en lui: l'ouvrage obtint un vif et franc succès. Ce succès était-il dû particulièrement à la musique? Est-ce au contraire le poëme (un essai de retour aux anciennes traditions de la Comédie-Italienne) qui l'avait provoqué? Ou bien faut-il l'attribuer à une interprétation excellente, confiée encore à la charmante Anna Thillon et à Féréol, ainsi qu'à Hurteaux, qui effectuait son début dans le rôle de Tartaglia? Je ne sais. Mais ce que je puis constater, c'est que lors de la reprise de *l'Eau merveilleuse* qui eut lieu en 1868 à l'Athénée, la critique fut unanime à reconnaître que musique et livret avaient considérablement vieilli, et singulièrement perdu de leur fraîcheur première. Pour ma part, moi qui ne connaissais que le Grisar de la « seconde manière, » le Grisar fortifié par ses études en Italie, le Grisar des *Porcherons*, de *Gilles ravisseur* et des *Amours du Diable*, je constatai en moi-même, avec un véritable regret, que cette partition de *l'Eau merveilleuse*, qui nous avait été naguère tant vantée et que le public avait autrefois si bien accueillie, était bien loin de présenter l'accent, la verve scénique, la sûreté de main, l'habileté de facture qui se remarquent dans les œuvres postérieures de Grisar. Je sais bien qu'on a parlé de mauvaise interprétation, de distribution fâcheuse... Mais c'est égal; pour nous, qui ne l'avions ni vue ni entendue à sa naissance, *l'Eau merveilleuse* avait des rides, et son talisman était impuissant à la rajeunir elle-même.

Et cependant il me faut bien, en toute justice, constater ce double fait : dans sa forme première, c'est-à-dire celle de l'opéra-bouffe italien, avec le dialogue en récitatif, *l'Eau merveilleuse* n'eut pas moins de 84 représentations à la Renaissance. Reprise en Novembre 1842, à l'Opéra-Comique (on avait cette fois supprimé les récitatifs, et le dialogue était parlé), alors que Mme Anna Thillon venait d'être engagée à ce théâtre et que Grisar était en Italie, elle y fut jouée 167 fois. Or, je suis d'avis que le public ne se trompe pas si lourdement, et que de tels succès ne sont pas menteurs. Nous devons donc croire que celui qu'obtint *l'Eau merveilleuse* était, pour une cause ou pour une autre, parfaitement justifié ; mais il est supposable que le genre dans lequel cet ouvrage était conçu ne répond plus au goût général, que ce goût s'est modifié depuis, et c'est pour cela sans doute que la dernière reprise en a été accueillie avec tant de froideur, aussi bien par la critique que par le public (1).

(1) — Il faut constater cependant qu'à Anvers même, patrie de Grisar, la fortune de *l'Eau merveilleuse* fut beaucoup moins brillante qu'à Paris. Elle y fut représentée le 24 Juin 1840, et voici ce que disent à ce sujet les *Annales du Théâtre-Royal*

M. Sauvage a dit à tort que, « le théâtre de la Renaissance ayant succombé, Grisar dut revenir à l'Opéra-Comique. » La Renaissance était encore loin du moment où elle ferma ses portes lorsque Grisar revint en effet au théâtre de ses premiers exploits, pour y donner un petit acte intitulé *les Travestissements*. Mais, chatouillé par le succès de *l'Eau merveilleuse*, Crosnier, alors directeur de l'Opéra-Comique, n'était peut-être pas fâché de rappeler à lui un jeune compositeur qui pouvait faire trop bien les affaires de son rival. D'autre part, Chollet et Mlle Prévost, qui avaient assuré naguère à Bruxelles le succès du *Mariage impossible*, avaient prié Grisar d'écrire pour eux une petite pièce à deux personnages, qu'ils pussent jouer facilement en province, pendant leur congé. Un nommé Deslandes (1), combinant

---

d'Anvers: « Cette partition ne fut pas accueillie avec l'enthousiasme qu'elle méritait. Les rôles étaient bien interprétés, *et pourtant le succès fut contesté.* »

(1) — Je crois que ce Deslandes, auteur par oc-

ensemble l'intrigue rudimentaire d'une ancienne bluette du théâtre de la foire, *la Pièce à deux acteurs*, et celle d'une autre petite farce un peu plus moderne, *Frontin maître et valet*, en tira le canevas nécessaire aux inspirations du compositeur, et *les Travestissements* furent donnés à l'Opéra-Comique le 16 Novembre 1839. Cette opérette sans conséquence fut jouée sans fracas et reçue sans émotion. Pour tout dire, elle passa complétement inaperçue, et d'ailleurs ne méritait guère l'attention. Elle n'en obtint pas davantage au Théâtre-Lyrique, où elle reparut le 30 Novembre 1851, non plus que lorsqu'elle fut reprise, il y a une douzaine d'années, au joli et mignon théâtre des Folies-Nouvelles, dirigé alors par l'excellent Louis Huart et M. Altaroche, et devenu aujourd'hui le théâtre Déjazet; elle était jouée à ce dernier endroit par Mlle Géraldine, que nous avons vue depuis aux Bouffes, et par M. Du-

casion, était l'un des artistes de l'Opéra-Comique, celui qui avait créé le rôle de Dougal dans le premier ouvrage de Grisar, *Sarah*.

puis, qui est maintenant le *primo tenore assoluto* chéri de M. Offenbach (1).

On touchait au moment où l'Opéra-Comique, alors installé place de la Bourse, dans la salle construite jadis pour les Nouveautés et occupée ensuite par le Vaudeville (celle-là même qui vient d'être démolie), allait se transporter à la salle Favart, d'où émigraient les Italiens. Pour l'inauguration de cette dernière, Crosnier voulut un ouvrage d'un caractère particulier, entremêlé de musique

(1) — Entre la représentation de *l'Eau merveilleuse* et celle des *Travestissements*, Grisar avait eu une part de collaboration — très-faible du reste — au *Naufrage de la Méduse,* opéra en quatre actes représenté à la Renaissance le 31 Avril 1839, et dont les paroles avaient été écrites par MM Cogniard frères. Quelques chroniqueurs ont bien mentionné à ce sujet le nom de Grisar, mais d'autres l'ont omis, et l'affiche, aussi bien que la pièce imprimée, n'a jamais donné que ceux de MM. de Flottow et Pilati comme auteurs de la musique de cet ouvrage. J'étais indécis, lorsque M. Félix Grisar m'a positivement affirmé que son frère avait écrit au moins un chœur pour le *Naufrage de la Méduse.* C'est sans doute parce qu'il jugeait insuffisante cette part de collaboration qu'il ne voulut pas être nommé.

nouvelle et de morceaux connus, choisis dans le répertoire des compositeurs plus ou moins célèbres. Cet ouvrage, moitié opéra, moitié *pasticcio*, était en trois actes et en quatre parties; il avait été commandé pour les paroles à Scribe et à M. de Saint-Georges, pour la musique à Grisar et à M. Adrien Boieldieu, et fut représenté le 16 Juillet 1840.

Sur la demande adressée par moi à M. Adrien Boieldieu touchant la part distincte de collaboration qui revenait à lui et à Grisar au sujet de cet ouvrage, je reçus de lui des renseignements détaillés, dont je le remercie ici. J'extrais ces lignes de sa réponse:

.... *L'Opéra à la Cour* fut commandé par Crosnier à Saint-Georges, Grisar et moi, à l'occasion de l'ouverture de l'Opéra-Comique, salle Favart, où il est maintenant. On eut l'idée de tout un second acte, lequel, simulant une représentation à la cour, devait être un pastiche composé de différents morceaux des plus grands maîtres ; mais le premier et le troisième actes furent composés par nous, ayant pour interprètes Chollet, pour lequel j'avais composé au premier acte un grand air (une invocation aux grands compositeurs), qui avait obtenu un grand succès, Botelli, auquel j'avais fait une cavatine, Masset et Mme Eugénie Garcia. J'avais fait le finale du premier acte, et Grisar l'introduction. Pour le troisième acte, il avait été également fait en partage....

Les autres rôles de *l'Opéra à la Cour* étaient confiés à Roger, Ricquier et Mme Henri Potier. Avec le livret sous les yeux, et à l'aide des indications de M. Adrien Boieldieu, je vais pouvoir déterminer la part de collaboration de Grisar. Au premier acte, je trouve à son compte, outre l'introduction, qui forme un morceau d'ensemble de très-grands développements, des couplets et une romance de soprano. Le troisième acte n'a point d'importance musicale; mais je crois que Grisar se sera chargé de l'arrangement de la seconde partie du deuxième, qui forme le pastiche et qui est traité en grand opéra, je veux dire sans dialogue, et dans lequel, par conséquent, il a fallu faire les soudures nécessaires pour relier entre eux les différents morceaux. Ces morceaux étaient les suivants: couplets du *Freischütz*, de Weber; chœur des *Deux Nuits*, de Boieldieu; duo de *Don Juan* (*La ci darem la mano*), de Mozart; air de *Romeo e Giulietta,* de Ricci (1); romance de *Charles de France* (*les Chevaliers de la Fidélité,*) de Boieldieu; duo d'*Elisa e Claudio*, de Mercadante; quatuor de *Bianca e Faliero*, de Rossini; duo de *Torquato Tasso,* de Donizetti; fragment du deuxième acte d'*Otello,* de Rossini; enfin, le chant anglais *God save the King*.

Voici comment un excellent critique, Henri Blanchard, l'ancien chef d'orchestre des Variétés, parlait de la musique de *l'Opéra à la Cour:* — « L'introduction, car il n'y a pas d'ouverture, est d'un bon style, d'une facture élégante et bien instrumentée. Nous n'avons guère distingué dans l'octuor qui ouvre la scène que la vieille chanson : *C'est le roi Dagobert*, dont le texte a été légèrement altéré,

(1)— Il y a évidemment ici une erreur de fait, malgré l'indication portée sur le livret, car aucun musicien du nom de Ricci n'a, que je sache, écrit d'opéra sur ce sujet. Ou le fragment en question n'est point tiré d'un ouvrage de ce nom, ou il est dû à un autre compositeur.

et qui aurait pu être travaillée musicalement d'une manière plus originale et même un peu plus développée. (Ces deux morceaux, qui n'en formaient qu'un, étaient de Grisar, comme nous l'avons vu.) Ce qu'il y a de plus saillant dans cet acte, c'est un petit nocturne à quatre voix plein de grâce, de mystère, de coquetterie, et le grand air dit par Chollet. Cet air sert parfaitement de préface au second ouvrage, car il est lui-même un *pasticcio*. Il ne se peut entendre une plus spirituelle spoliation musicale. Les madrigaux aux morts et aux vivants y sont jetés avec une libéralité et cependant une justice distributive tout exemplaire; elle aura dû satisfaire les célébrités qui sont encore de ce monde, et les héritiers de celles qui n'y sont plus (1). » Pour le reste, l'écrivain cite « un beau duo, qu'on dit de M. Grisar. »

L'air chanté par Chollet, et cité par Henri Blanchard, devait être en effet singulier, car il présentait des fragments fugitifs d'une foule

(1) — *Revue et Gazette musicale* du 19 Juillet 1840.

d'opéras : *le Barbier de Séville*, *les Deux Journées*, *la Dame blanche*, *l'Éclair*, *Robert-le-Diable*, *Fra Diavolo*, *Gulistan*, *Jeannot et Colin*, *la Fiancée*, *le Petit Chaperon rouge*, *le Comte Ory*, *Guillaume Tell*, et *les États de Blois* (d'Onslow.)

J'ignore quel fut le succès de *l'Opéra à la Cour*. En tout cas, il ne se survécut pas plus que ne le font d'ordinaire et que ne peuvent le faire les ouvrages dramatiques qui, nés d'une circonstance, disparaissent forcément avec elle.

Dans le même temps, Grisar était chargé par ses compatriotes de coopérer pour sa part à une cérémonie intéressante. Anvers se préparait à célébrer, par une grande fête, l'inauguration de la belle et colossale statue de Rubens qu'on peut contempler sur la place Verte de cette ville, et qui est due à l'habile sculpteur Geefs. C'est à cette occasion que Grisar fut prié d'écrire une composition qui devait être exécutée le jour de la solennité. Il paraît que tout d'abord on lui avait demandé une sorte de cantate, car un journal de Paris s'exprimait ainsi à ce sujet : « M. Grisar sera chargé de composer pour cette circonstance une grande scène qui sera exécutée par M. Inchindi et Mlle Drouart (1). » Mais il paraît aussi que, pour une raison ou pour une autre, Grisar ne put écrire cette cantate, et qu'il se rabattit sur une composition moins étendue. En effet, le programme officiel des journées du festival porte, pour le concert du mardi 18 Août (1840), une cantate intitulée : *Gloire à Rubens!* mais dont la musique était l'œuvre d'un autre artiste anversois, M. Eykens, et pour celui du mercredi 19, une « ouverture pour la solennité de la fête, par Albert

(1) — Inchindi, dont la voix de baryton était aussi belle que sa prononciation était défectueuse, appartint successivement au personnel de nos trois théâtres lyriques : à l'Opéra, d'abord, puis aux Italiens, puis enfin à l'Opéra-Comique, où il créa le rôle de Max dans *le Châlet* d'Adam. Il avait pris le nom d'Inchindi en entrant au Théâtre-Italien, et avait débuté antérieurement à l'Opéra sous celui de Ginnkint (V. l'*Almanach des Spectacles* de 1829). Je suppose que ce dernier nom était le sien véritable, car, d'origine flamande, il était belge, ainsi que Mlle Drouart, ce qui explique suffisamment le choix de ces deux artistes au sujet d'une fête qui revêtait un caractère national.

Grisar. » Une feuille spéciale, la *Revue musicale belge*, contenait à ce sujet ces quelques mots, que j'extrais d'une correspondance qui lui était envoyée d'Anvers : « .... L'ouverture de Grisar a été fort bien exécutée ; elle est d'une facture originale ; l'instrumentation en est soignée. C'est M. Grisar lui-même qui l'a dirigée..... » De son côté, un des rédacteurs ordinaires du même journal s'exprimait ainsi : « .... Signalons aussi une grande ouverture composée pour la solennité par Albert Grisar. Ce morceau, quoique un peu décousu dans son ensemble, est d'une facture héroïque et possède quelques beaux effets d'orchestre qui font honneur à l'auteur. M. Grisar conduisait lui-même son œuvre, qui a été enlevée de manière à contenter les plus difficiles. » — Ceci devait être pour Grisar l'occasion d'une nouvelle attention de la part du gouvernement belge. Par un arrêté en date du 30 Août 1840, Grisar était nommé chevalier de l'ordre de Léopold, et dans le rapport précédant cet arrêté, le ministre s'exprimait ainsi au sujet du compositeur : « .... Il est du nombre de ceux qui ont recommandé le nom belge à l'étranger. Entré dans une carrière difficile et souvent ingrate, il s'est distingué par plusieurs compositions remarquables, accueillies avec faveur sur les théâtres de Paris..... »

Je ne dois pas oublier de mentionner que Grisar, qui à cette époque ne demandait qu'à produire, avait fait représenter peu auparavant aux Variétés un petit ouvrage d'une importance assez considérable, étant donné le genre habituel de ce théâtre. C'était un acte musical intitulé : *la Suisse à Trianon*, dans lequel l'excellent comédien M. Bressant remplissait le rôle principal, et passait momentanément à l'état de premier ténor. On sait, du reste, que cet artiste était doué d'une voix fort agréable, et qu'il eût pu tout aussi bien qu'un autre, et peut-être mieux qu'un autre, tenir son emploi sur une scène lyrique. Les paroles de *la Suisse à Trianon* étaient dues à MM. de Saint-Georges et de Leuven, et les autres rôles en étaient tenus par Mlles Pougaud et Olivier. Je crois que le retentissement de ce petit ouvrage a été médiocre, car aucun des biographes de Grisar ne l'a mentionné (1).

---

(1) — La musique de *la Suisse à Trianon* a été gravée en grande partie. Voici le « catalogue thématique des principaux morceaux » publiés séparément : 1° *Air*, chanté par Mlle Pougaud ; — 2° Chansonnette, chantée par Mlle Olivier ; — 3° Romance, chantée par Mlle Olivier ; — 4° « Ranz suisse, » chanté par Mlle Olivier ; — 5° Ballade, chantée par M. Bressant et Mlle Olivier ; — 6° Prière, chantée par les mêmes.

La première représentation de cette opérette eut lieu le 8 Mars 1838 ; elle prend donc place, dans l'ordre chronologique des œuvres de Grisar, entre *l'An mil* et *Lady Melvil*. Une des deux jeunes chanteuses qui avaient pris part à son interprétation, Mlle Pougaud, fut engagée à la Renaissance dès les commencements de ce théâtre, et y créa le rôle principal dans l'opéra de Monpou intitulé : *Perugina*.

IV

Nous arrivons à une époque de long silence dans la carrière de Grisar, époque qui précéda celle de ses véritables succès. Pendant près de huit années, le compositeur se tiendra à l'écart, imposant à sa muse un silence apparent, ne faisant parler de lui en aucune façon et paraissant bouder le public. Ce temps cependant ne fut pas perdu pour lui, et constitua une période sinon active, du moins laborieuse de son existence, puisqu'il l'employa à féconder par la réflexion, à perfectionner par l'étude un talent déjà distingué et qui ne demandait qu'à se fortifier.

Des critiques lui avaient été adressées, à plusieurs reprises, touchant le manque de solidité de son éducation première ; on lui avait reproché certaines négligences, certaines faiblesses harmoniques, certains défauts de plan et de facture qui déparaient parfois ses meilleures inspirations. Grisar s'était montré sensible à ces observations, dont il ne pouvait méconnaître la justesse et la légitimité, et il avait songé à les mettre à profit en complétant d'une façon sérieuse ses études, restées véritablement inachevées. Une circonstance vint le décider tout à fait.

Sur la demande de Chollet, qui depuis longtemps avait manifesté le désir de jouer à l'Opéra-Comique une parade dans le genre italien, M. Sauvage avait écrit le livret de *Gilles ravisseur*, et il l'avait confié à Grisar pour que celui-ci le mît en musique; mais, bien que présenté par Chollet en personne, ce livret avait été refusé obstinément par Crosnier.

Le pauvre Grisar, qui s'en était épris (dit

M. Sauvage lui-même), fut consterné de cette mésaventure ; il n'avait plus rien à faire, et restait jambes et bras croisés devant son piano.... Cependant les savantes critiques, que n'avaient pas épargnées à ses ouvrages les graves harmonistes, lui donnèrent à réfléchir ; il comprit qu'il s'était lancé dans la carrière trop vite et sans être muni convenablement de provisions ; mais se mettre, à Paris, sous la férule de quelque docteur ès-contrepoint, après avoir déjà conquis cinq fois les applaudissements du public, c'était un aveu d'insuffisance bien difficile à faire !

Cet aveu, Boieldieu l'avait fait jadis de très-bonne grâce, lorsque, après s'être présenté huit fois devant le public, après avoir fait jouer *la Famille suisse*, *l'Heureuse Nouvelle*, *Mombreuil et Merville*, *Zoraïme et Zulnare*, *la Dot de Suzette*, *les Méprises espagnoles*, *la Prisonnière*, *Béniowski* et *le Calife de Bagdad* ; après avoir obtenu, surtout avec ces deux derniers ouvrages, d'éclatants et retentissants succès, il avait été se mettre (cette fois c'était bien le mot) sous la férule de Cherubini, avant de reparaître à la scène et de remporter un nouveau triomphe avec *Ma Tante Aurore*. — Grisar aima mieux aller chercher loin de la France les conseils fortifiants dont il sentait le besoin, et eut l'idée de se rendre en Italie pour s'y placer sous la direction d'un théoricien éprouvé. Depuis longtemps d'ailleurs il avait envie de connaître ce pays, où la musique n'était pas encore tombée dans l'état d'indigence où elle se trouve aujourd'hui, et il n'était pas fâché sans doute de saisir l'occasion de satisfaire en même temps ses désirs et de pourvoir aux nécessités que lui imposait sa situation.

Avant de s'éloigner, Grisar retourna un instant en Belgique, sans doute pour voir sa famille et prendre congé de quelques amis. Car M. Sauvage est dans l'erreur lorsqu'il dit, au sujet de ce voyage de Grisar dans son pays :

C'est en Belgique que Grisar porta ses ennuis, sa désespérance, et c'est là qu'il trouva la consolation. Il désirait aller travailler en Italie : pour donner à son voyage un motif, un but ostensible et honorable, on le chargea d'une mission ; — il devait recueillir les grandes compositions de musique religieuse que renferment les cathédrales, les maîtrises, les couvents, les conservatoires, les bibliothèques de Rome, de Naples, de Florence, de Palerme, etc.

J'ai déjà fait connaître plus haut que cette mission lui avait été confiée par le gouvernement belge à la suite de la représentation à Bruxelles du *Mariage impossible*, par conséquent avant même le commencement de sa carrière à Paris; j'ai dit aussi que cette mission avait été uniquement imaginée pour colorer d'un prétexte l'octroi du léger subside que le ministère lui avait accordé (1).

Quoi qu'il en soit, Grisar revint bientôt à Paris, et songea à se mettre en route.

En revenant de Belgique, dit encore M. Sau-

---

(1) — Il n'y a pas de doute que tout ceci eut lieu bien avant l'époque réelle du voyage en Italie, puisque, en 1839, c'est-à-dire plus d'un an avant cette époque, l'*Annuaire dramatique belge* s'exprimait ainsi: « Le gouvernement belge accorda à Grisar (après l'apparition du *Mariage impossible*) une somme de 1,200 francs pour l'aider à compléter son éducation musicale. »

vage, il s'arrêta à Paris pour y faire ses adieux. La veille de son départ, nous dînions ensemble ; il me remit, avec tristesse, le livret de *Gilles Ravisseur*. — Son chagrin était le mien ! — Je déroulai mes feuillets, que je trouvai chargés de portées de musique, de commencements d'airs, de fragments de duos. — Mais, mon cher, lui dis-je, ceci ne m'appartient plus, vous en avez pris possession ; je vous le laisse, faites-en ce que vous voudrez. — Grisar, heureux comme un enfant possesseur d'un jouet convoité, Grisar m'embrassa en pleurant.... puis il partit vers la fin de 1840.

Grisar s'en alla tout droit à Naples, et fut aussitôt trouver Mercadante, à qui il demanda des conseils et des leçons que celui-ci lui accorda de grand cœur (1). Il resta longtemps en cette ville, et y fit même une assez grave maladie, car un journal publiait, en date du 15 Avril 1842, une correspondance de Bruxelles ainsi conçue : — « La nouvelle

(1) — « A Naples (m'écrivait M. Félix Grisar), où il demeurait dans la famille Falcon (c'est-à-dire chez sa sœur et son beau-frère), il a pris des leçons de Mercadante, dont il aimait la musique. — A Rome, il a étudié sous un vieux abbé maître de chapelle. »

était arrivée ici de Naples, que notre compatriote M. Albert Grisar y était tombé dangereusement malade. Le travail forcé auquel il n'avait cessé de se livrer depuis son séjour en cette ville, pour se perfectionner dans ses études musicales, semble avoir déterminé chez lui une fièvre violente très-opiniâtre. Toutefois, une dernière lettre signale du mieux dans son état, et les médecins, à ce qu'il paraît, ont repris confiance dans son rétablissement. M. Grisar doit mettre la dernière main à un opéra qu'il a composé par ordre du gouvernement. On assure qu'il a fait de grands progrès. »

Quel était cet opéra, commandé à Grisar par le gouvernement belge, et qui sans doute devait être joué à Bruxelles ? A-t-il été achevé ? Il y a lieu d'en douter, puisqu'il n'a donné en cette ville aucun opéra inédit autre que *le Mariage impossible*, et que ce n'est évidemment pas un de ceux qu'il a fait représenter par la suite à Paris. C'est probablement une des œuvres si nombreuses dont il a laissé les ébauches en portefeuille. Car Grisar avait la manie du *commençage*, si l'on peut dire : il entamait successivement une foule de travaux, qu'il abandonnait ensuite l'un après l'autre, chaque fois que son esprit, essentiellement mobile et capricieux, s'attachait à un nouveau sujet.

Toujours est-il, si nous en croyons Grisar lui-même, qu'il ne flânait pas à Naples, car, M. Sauvage lui ayant annoncé la reprise très-heureuse de *l'Eau merveilleuse* à l'Opéra-Comique (Novembre 1842), il lui répondit sans se presser, c'est-à-dire en 1843 :

« .... Vous me dites d'abandonner mon *far niente* de Naples ; je pioche comme un cheval, croyez-le bien, et ce *far niente*-là fera parler de moi plus tard, n'en doutez pas ! Dites-le bien à mes amis. Je crois être un artiste véritable et avoir fait ce que peu d'artistes auraient fait à ma place ; mais si je l'ai fait, c'est que je savais ce que je pourrais en retirer plus tard, s'il plaît à Dieu !... »

On voit que Grisar avait confiance en l'avenir, et prévoyait l'évolution qui, grâce à la résolution prise courageusement par lui, devait s'opérer dans son talent.

D'ailleurs, il travaillait réellement à Naples,

comme il le dit, et plus qu'on ne l'a cru. J'en ai acquis la preuve en parcourant sa correspondance. Sans parler de ses préoccupations d'avenir, sans parler de l'étude à laquelle il s'était voué sous la direction de Mercadante, il composait considérablement, s'occupait avec activité, comme on le voit, de sa partition de *Gilles ravisseur*, il écrivait de la musique religieuse, et enfin il prenait à cœur la fameuse mission dont il avait été chargé naguère par le gouvernement belge. Voici, en ce qui concerne ce dernier sujet, un document « officiel » qui ne peut laisser aucune espèce de doute :

MINISTÈRE
de
L'INTÉRIEUR.

Bruxelles, le 5 Avril 1843.

MONSIEUR,

J'ai l'honneur de vous accuser la réception des rapports n°s 2, 3 et 4, que vous m'avez adressés par lettre du 15 Novembre 1842, et de vous remercier de cet envoi contenant des détails qui nous seront d'une grande utilité. Le gouvernement vous sait gré de vos louables efforts, et voit avec un grand plaisir le zèle dont vous faites preuve dans l'intérêt de l'art musical.

Agréez, Monsieur, l'assurance de ma considération très-distinguée.

Le Ministre de l'Intérieur.
NOTHOMB.

A Monsieur Albert Grisar, compositeur, à Naples.

Reprenons maintenant la correspondance de Grisar avec son collaborateur. En Novembre 1843, il est à Rome, et écrit de nouveau :

« Votre lettre m'est parvenue après quelque retard, étant allée me chercher à Naples, pour retourner me trouver à Rome, où je suis enterré depuis sept mois environ, non pas, comme vous le pensez, dans un palais d'Armide, mais bien dans les partitions poudreuses de l'abbé Santini. Mon cher Sauvage, on est toujours porté à penser le mal ; non pas vous, qui m'aimez sincèrement, mais bien ceux qui, après avoir dit et redit que je ne savais faire que des romances et qu'il fallait que je travaille, trouvent étonnant que j'aie suivi leur excellent conseil et que je me sois mis, en effet, à approfondir mon art. Je m'en trouve bien et l'on verra bientôt — non pas maintenant, mais plus tard, quand je livrerai à la publicité de la musique d'église — on verra alors, dis-je, à quoi j'ai passé mon temps (1).

« En attendant, il faut que je prenne patience et que je ne fasse aucune attention aux clabauderies de mes ennemis (!) et aux inquiétudes de mes amis, qui ne s'effrayent que par intérêt pour moi. Croyez bien, mon cher ami, mais croyez-le bien, que je ne suis pas assez stupide pour flâner et faire l'amour. — J'ai quelque chose dans la tête, j'ai une destinée à remplir, et je l'accomplirai, s'il plaît à Dieu ! et s'il me laisse la santé. — Voilà pour les liens d'Armide. Maintenant, revenons au but de ma lettre :

« Mon cher Sauvage, il est certain (et vous savez si je me suis trompé pour *l'Eau merveilleuse*), il est certain, dis-je, que *Gilles ravisseur* doit être

(1) — Grisar écrivit effectivement de la musique d'église en Italie; j'en ai acquis aussi la certitude dans ses lettres, où il parle, entre autres œuvres de ce genre, d'un *Salve Regina* qu'il qualifie modestement de *sublime*. Je reviendrai sur ce sujet, lorsque j'aurai à parler de ses œuvres inédites.

joué trois cents fois! si cette pièce est jouée comme je l'entends, si le public prend bien la chose à la première représentation. — Je dis donc que *Gilles ravisseur* peut être un grand, grandissime succès. Je ne serais pas éloigné de donner mon consentement à ce que vous me proposez (1), parce que cela montrerait que, si je suis du matin au soir dans la grande musique, cela ne m'empêche pas d'être toujours le même et de savoir en faire de la petite qui empaume son public de la belle manière.... »

Un mois après (Rome, Décembre 1843), nouvelle lettre, dans laquelle nous trouvons les lignes suivantes :

« .... Il faut, mon cher Sauvage, faire bien attention à ne dire à personne que c'est un opéra que je vous envoie d'Italie, mais bien un opéra que je vous ai laissé à mon départ de Paris : cela est essentiel, et cela vaudra mieux pour tout le monde ; car je ne consentirais pas pour

---

(1) —M. Sauvage lui avait offert de faire jouer *Gilles* en son absence, sans qu'il eût à se déranger, et par conséquent le priait de lui envoyer sa partition dès qu'elle serait terminée.

VINGT MILLE francs à rentrer à l'Opéra-Comique avec *un acte;* car je sais ce que j'ai dans le ventre et ce que je pourrai faire plus tard, et je n'y consens qu'à condition que cela sera secret pour tout le monde.... »

Enfin, un peu plus tard encore, autre lettre, dans laquelle, comme on va le voir, Grisar ne s'égratignait pas trop. — Après tout, il avait conscience de sa valeur, et de ce dont il était capable :

« .... Je pars pour Albano, où je resterai quatre jours ; mais avant je veux vous dire, avec plus de détails que dans ma précédente lettre, combien je suis content de notre *Gilles ravisseur*. Je vous le répète et je crois que cela doit plaire, et beaucoup. C'est franchement de l'opéra-comique, et ma musique, je crois, fera bien ; car j'ai cherché à y mettre le genre parade, vieille musique bouffe exempte de recherche et de prétention.... Nous nous entendons comme un poëte et un musicien doivent s'entendre....

« Ne riez pas de l'encens que je me jette au nez : je dis ce que je pense ; mais ne montrez pas ma lettre ! — Enfin, mon cher ami, cela m'est venu de verve; je n'avais qu'ébauché deux ou trois morceaux quand je vous écrivais ; mais maintenant je n'ai plus qu'à écrire, et, en vérité, je crois que je puis faire un petit chef-d'œuvre. Cela sera supérieur à *l'Eau merveilleuse* comme main, comme verve et comme suite. C'est tout d'une haleine, mon cher ami ; je crois que vous serez *étonné* de cette musique. Cela a une couleur *étonnante*, et c'est en scène *étonnamment*. Vous verrez !

« J'avais laissé à Naples ma musique, mais je m'en souvenais et je l'ai récrite de mémoire en la rendant bien meilleure ; enfin, je vous répète que cela peut devenir un *chef-d'œuvre*, et *je ne crois pas me tromper*.

« Vous savez que je ne m'aveugle pas par l'amour-propre : je me suis remis à l'école, et cela prouve bien ma modestie, et je répéterai avec le *Bourgeois Gentilhomme* : « Que ne puis-je avoir le « fouet à l'école et devant tout le monde, et être « un grand artiste ! »

« Eh bien, je vous dis donc que notre opéra, qui a été composé en huit jours, est, je le crois, dans son genre, un des meilleurs opéras-parades qui aient été composés.... »

Finalement, Grisar se décida à achever sa partition, et l'envoya, toute prête, toute orchestrée, à son excellent collaborateur.

C'était au mois de Novembre 1844. Mais les infortunes de *Gilles* n'étaient pas terminées, et le pauvre enfariné devait patienter quelques années encore avant de voir le feu de la rampe, avant de remporter le franc succès qui devait le dédommager d'avoir fait si longtemps antichambre.

Le livret fut soumis une seconde fois au comité de lecture de l'Opéra-Comique, qui reçut la pièce « à corrections, » suivant l'expression consacrée, et demandait, entre autres modifications, la suppression du personnage de Valentin! — C'était un vrai refus, fort inintelligemment déguisé. Grisar apprend cette nouvelle à Palerme, où il était arrivé en plein bombardement, et où il se trouvait avec les excellents chanteurs M. et Mme Gassier. —« Pauvre comité! écrit-il aussitôt, qui voudrait supprimer le rôle de Valentin! J'aimerais autant supprimer *Gilles!* C'est peut-être le rôle le plus à effet de la pièce! Ce comité n'aurait jamais reçu *l'Eau merveilleuse* : pauvre comité! Ils sont tous de même. » — Puis il ajoute : — « Je ne suis pas trop fâché de la détermination de Crosnier; car le diable m'emporte si j'étais tranquille relativement à notre *Gilles ravisseur*, qui se serait montré à la rampe sans moi. »

Cependant l'Opéra-Comique changeait de directeur, et passait des mains de M. Crosnier dans celles de M. Basset. M. Mocker, à qui la partition de *Gilles* avait été confiée, l'avait aussitôt prise en affection, et en avait parlé à ce dernier. M. Basset demanda le livret, le lut, et le déclara à son tour impossible, en proposant à son auteur, puisque la musique de *Gilles* était trouvée excellente, de la *transporter sur un autre poème!* — C'était vraiment trop de malechance pour un des livrets d'opéra-comique les plus aimables et les plus littéraires qui aient été écrits depuis trente ans!

Grisar bondit de colère et sourit de pitié à l'annonce de cette nouvelle sottise. « Nous attendrons!... » répond-il laconiquement à son collaborateur.

Mais Mocker, dit M. Sauvage, ne se tint pas pour battu; il ameuta tout ce qu'il y avait de musiciens au théâtre : Garaudé, Struntz, puis

Labarre... si bien que, dans un moment de pénurie, on mit *Gilles* à l'étude. La distribution fut excellente; le zèle, le cœur que chacun apporta aux répétitions, à la mise en scène, à la représentation, furent admirables, et *Gilles* obtint enfin ce succès que Grisar avait affirmé ! Hélas ! ce succès eut lieu le 21 Février 1848 ! et les coups de fusil amenèrent un entr'acte de douze ou quinze jours de la première à la seconde représentation. Malgré ces circonstances peu favorables aux beaux-arts, le talent de Grisar et la valeur de son œuvre furent dès lors hautement appréciés (1).

Plus d'une pièce, on s'en souvient, choppa sur le pavé des barricades et fut emportée par la tourmente. Si *Gilles* tint bon, c'est qu'il était solidement constitué et doué d'un bon tempérament. Et en effet, il était difficile de trouver un spectacle plus attrayant que celui offert par ce poème élégant, scénique et mouvementé, servant de texte à une musique fine, délicate, savoureuse, spirituelle, et que venait relever encore une exécution comme

(1) — *Gilles ravisseur* a eu 107 représentations à l'Opéra-Comique.

on n'a pas chance d'en rencontrer souvent, sous le double rapport musical et comique (1).

Alerte et vive, preste et réjouie, empreinte d'une gaieté à la fois franche et contenue, finement ciselée d'ailleurs et distinguée dans ses allures, avec cela, pour me servir de l'expression très-exacte de Grisar lui-même, « étonnamment en scène, » la partition de *Gilles ravisseur* fut aussitôt appréciée par la critique à sa juste valeur. Je dis « par la critique, » parce que le gros du public n'en pouvait comprendre et analyser toutes les finesses, tous les charmants détails, toute l'exquise élégance; mais encore, elle avait cela de remarquable, cette aimable partition, que si l'auditeur vulgaire ne pouvait l'apprécier dans ses détails, il goûtait néanmoins tout le charme de l'ensemble, et qu'elle se trouvait, sinon absolument comprise, du moins aimée

(1) — *Gilles ravisseur* était joué par MM. Mocker, Hermann-Léon, Emon, Sainte-Foy, Grignon, Duvernoy, Mlle Lemercier et Mme Blanchard.

et prisée de tous. C'est là le point capital, en matière d'art, personne ne l'ignore. Si une œuvre, même exquise, ne se révèle qu'aux délicats, c'est qu'elle est incomplète en un point et pèche par l'expansion ; si, même vigoureuse, elle ne plaît qu'à la foule, c'est qu'elle manque d'élévation et de poésie ; mais si elle obtient à la fois le suffrage de l'une et des autres, du vulgaire et des esprits d'élite, qu'elle soit petite ou grande, délicate ou robuste, on peut dire qu'elle est parfaite — et complète.

Sans vouloir entrer absolument dans le détail, je puis cependant effleurer une rapide analyse des morceaux les mieux réussis de *Gilles ravisseur*. Je puis faire remarquer, par exemple, que l'air d'Isabelle : *En vain l'honneur inflexible...*, dont le dessin mélodique est si bien tracé dès les premières notes, est un morceau très-complet au point de vue de la structure, avec le premier motif, la modulation, les incidences, les épisodes, le second motif, le retour à la tonalité, la reprise de la phrase initiale et la péroraison, et qu'il contient tous ces éléments, parfaitement équilibrés, dans l'espace de *cinquante-cinq* mesures seulement. Qu'on aille donc prier d'en faire autant nos fabricants de musique à la rame, nos prétendus faiseurs d'opéras-bouffes, qui n'ont pour eux que les accents grossiers, les rhythmes canailles et les sonorités vulgaires! — D'un tour mélodique sobre et élégant, le trio est en même temps d'un excellent style et d'une facture remarquable, avec ses entrées successives, ses imitations piquantes et ses jolis dessins d'orchestre. — Quant aux deux duos si pleins d'esprit et d'entrain, d'élégance et de gaieté, que Gilles chante, l'un avec Crispin, l'autre avec Léandre, ils sont écrits de main de maître, avec une sûreté, une légèreté, et aussi une finesse de touche incomparables. — Francs et coquets sont les couplets d'Isabelle, mais pour ce qui est de l'air de Gilles : *Joli Gilles, Joli Jean,* on dirait en vérité que Grisar avait retrouvé à Naples le type parfait de ce héros de la comédie et de la pantomime italiennes, tellement le texte musical de ce morceau reproduit exactement le caractère dolent, les allures débraillées et la finesse narquoise du personnage.

On a dit de la partition de *Gilles ravisseur* qu'elle n'est qu'un pastiche. Ceci est une erreur ou une injustice. En l'écrivant, Grisar s'est souvenu volontairement de nos vieux maîtres, les a étudiés, s'en est inspiré, s'est jusqu'à un certain point approprié leur style; mais il n'est pas exact de dire qu'il les a imités, dans le sens étroit du mot, et il a conservé d'ailleurs une personnalité très-franche et très-robuste. La forme se ressent évidemment du tour d'idées qu'il cherchait pour faire parler musicalement ces bons vieux personnages de la comédie italienne, si célèbres chez nous au XVIIe et au XVIIIe siècle, et elle a revêtu par ce fait une certaine allure archaïque; mais l'inspiration est de caractère tout moderne. Grisar semble avoir voulu tout au plus appliquer à la musique le précepte poétique d'André Chénier :

> Sur des pensers nouveaux faisons des vers antiques.

et si l'on peut me prouver qu'il y a là une

imitation patente de Philidor ou de Grétry, de Duni ou de Monsigny, je consens à déclarer qu'il n'a fait rien qui vaille.

Non, la musique de *Gilles ravisseur* n'était point un pastiche; c'était tout au plus une sorte d'adaptation. Nous avons vu que Grisar écrivit sa partition à Naples. Il avait eu le loisir, pendant un long séjour en cette ville, d'entendre la musique des vieux maîtres qui en sont la gloire (et qui n'étaient pas alors abandonnés dans leur patrie comme ils le sont aujourd'hui), et il avait tenté d'opérer, entre le vieux génie musical ultramontain et la scène lyrique française, une alliance de principes et de pensée d'autant plus intelligente et naturelle d'ailleurs, que le texte sur lequel il appelait alors ses inspirations était précisément, lui, une imitation non des formes, mais des allures et de la gaieté italiennes du dernier siècle.

Ce qu'on peut ajouter, c'est que Grisar avait largement profité des sujets d'étude que pendant plusieurs années il avait eus à sa disposition. L'audition des œuvres bouffes des grands maîtres napolitains avait fortifié, affermi, épuré son talent; il s'était, comme on l'a dit, imprégné de cette verve de la déclamation comique qui est la partie vitale de l'opéra-bouffe italien, et par ce fait il avait acquis ce nerf incontestable, ce style serré, solide, net, précis, qui se fit remarquer dans ses œuvres subséquentes, et dont la partition de *Gilles* nous donna le premier et si complet échantillon (1).

(1)—Comme petit complément historique à ce chapitre, il me faut dire que M. Sauvage avait emprunté l'idée et les personnages de *Gilles ravisseur* à une petite pièce de d'Hèle, l'Anglais excentrique, l'ami de Jean-Jacques Rousseau, le collaborateur de Grétry, l'auteur des livrets de *l'Amant jaloux*, des *Événements imprévus*, du *Jugement de Midas*. Ce personnage singulier, qui, en tant qu'écrivain, ne manquait ni de talent ni d'imagination, avait donné sa petite parade de *Gilles ravisseur* aux premières Variétés-Amusantes, en 1775 ou 1776.

D'Hèle mourut à Paris, le 27 Décembre 1780, âgé seulement de quarante ans.

V

Les études de *Gilles ravisseur* s'étaient faites à l'Opéra-Comique sans l'aide et la participation de Grisar, et la première représentation même avait eu lieu en son absence. De Naples, nous l'avons vu, il avait d'abord été à Rome, puis était retourné à Naples, et enfin s'était rendu à Palerme, d'où il ne paraissait point songer à revenir en France. C'est donc à Palerme qu'il reçut tout à la fois la nouvelle de l'apparition de son ouvrage et celle de la disparition de la royauté. — Ce dernier fait n'était pas de nature à hâter son retour.

Cependant le théâtre Favart avait, tout comme la France elle-même, subi une crise et changé de gouvernement. Au mois de Mai 1848, M. Basset s'était retiré, laissant la place à M. Perrin, aujourd'hui directeur de l'Opéra (1). Ce dernier avait été frappé

(1)—La période de dix années (Mai 1848 — Novembre 1857) qui s'écoula pendant la première direction de M. Perrin fut certainement l'une des plus brillantes que l'Opéra-Comique eût traversées depuis longtemps. C'est à cette époque que furent joués un grand nombre d'ouvrages dont les succès furent, pour la plupart, éclatants et prolongés : *l'Étoile du Nord*, de Meyerbeer; *le Val d'Andorre*, *la Fée aux Roses*, d'Halévy; *Marco Spada*, *Manon Lescaut*, de M. Auber; *Raymond*, *le Songe d'une nuit d'été*, *le Caïd*, de M. Ambroise Thomas; *le Toreador*, d'Adam; *les Porcherons*, *Bonsoir*, *Monsieur Pantalon*, *le Chien du Jardinier*, de Grisar; *le Père Gaillard*, *les Papillottes de M. Benoist*, de M. Henri Reber ; *les Noces de Jeannette*, *Galathée*, *la Chanteuse voilée*, de M. Victor Massé ; *la Croix de Marie*, *le Moulin des Tilleuls*, de M. Aimé Maillart; *les Trovatelles*, *Pâquerette*, de M. Duprato ; *les Sabots de la Marquise*, de M. Ernest Boulanger, etc. C'est aussi sous cette administration que furent mis en lumière, à leur retour de Rome, deux de nos jeunes compositeurs les plus réellement distingués, MM. Victor Massé et Duprato, et le fait est utile à noter, vu sa rareté, quelque explicites que soient, à l'égard des lauréats de nos

par le succès de *Gilles*, qui révélait en Grisar toute l'étoffe et tout le tempérament d'un musicien destiné à briller au théâtre. Aussi, lorsque M. Sauvage, qui venait de terminer avec son collaborateur de Lurieu le livret des *Porcherons*, présenta cet ouvrage au nouveau directeur de l'Opéra-Comique, le désir manifesté par lui d'en voir écrire la musique par Grisar fut-il immédiatement accueilli. — « C'est à Palerme, dit M. Sauvage, que j'envoyai à Grisar *les Porcherons* : il accueillit cet ouvrage avec sa confiance en moi et son enthousiasme ordinaires; ses lettres à ce sujet sont au même degré de chaleur que celles inspirées par *Gilles*; il se mit immédiatement au travail, et bientôt m'annonça qu'il serait prêt quand on voudrait, et, par conséquent, sa prochaine mise en route. »

Grisar se trouvait donc enfin à la tête d'un

grands concours, les clauses du cahier des charges de l'Opéra-Comique. Enfin, c'est encore de cette époque que date l'apparition, sur notre seconde scène lyrique, de plusieurs artistes extrêmement distingués : MM. Stockhausen, Barbot, Faure, Battaille, Puget, Mmes Ugalde, Lefebvre, Miolan, Caroline Duprez.

vrai poëme en trois actes! Je dis « d'un vrai poëme, » parce que s'il avait donné naguère à la Renaissance *Lady Melvil*, qui était aussi en trois actes, les conditions et les restrictions ridicules imposées à ce théâtre l'avaient empêché, on se le rappelle, de donner à son inspiration tout l'essor désirable. Un opéra-comique dans lequel on ne peut écrire ni duo, ni trio, ni quatuor, ni rien enfin de ce qui constitue un morceau d'ensemble, un morceau concertant, n'est évidemment qu'un opéra-comique tronqué. Cette fois, il avait ce qu'il désirait, et l'on peut dire qu'il en sut tirer un excellent parti.

Mais il lui fallait pourtant revenir à Paris, M. Perrin exigeant qu'il assistât aux études de son nouvel ouvrage. D'ailleurs, il n'eût sans doute pas fait pour *les Porcherons* comme pour *Gilles*, et il n'est guère supposable qu'il eût pu consentir à livrer une œuvre de cette importance aux hasards d'une exécution préparée en dehors de sa surveillance. Il se décida enfin, non sans peine, à quitter l'Italie, et arriva ici, je crois, au commencement de l'année 1849.

Les Porcherons furent donnés le 12 Janvier 1850, et obtinrent un brillant succès, que justifiaient des qualités variées et remarquables, qualités nouvelles pour la plupart, et que Grisar, par la nature des poëmes dont il s'était vu chargé, n'avait encore pu déployer jusqu'alors. Il a fait preuve en effet, dans cette partition, non-seulement du sens scénique si ferme et si juste qui le distinguait déjà, mais encore d'un sentiment dramatique, d'une chaleur d'accent et d'une expansion que certes on ne lui connaissait pas, et qui purent étonner ceux-là mêmes qui avaient en lui la confiance la plus légitime.

Je n'ignore nullement que l'opinion que j'exprime ici est loin d'être partagée par tout le monde. C'est pourquoi je vais l'appuyer de quelques raisons. Car c'est le devoir de la critique de réagir contre ce qui lui semble erroné, et de tâcher de faire la lumière là où elle croit trouver l'obscurité. Si elle se trompe, elle fait du moins œuvre loyale et honnête, et, en tout cas, elle donne à réfléchir aux timorés et aux indifférents. — Pour bien des gens, Grisar n'a jamais été qu'un musicien bouffon, qu'un artiste purement léger, coquet, sémillant, et de ce chef on lui a constamment refusé la faculté de s'élever au-dessus du genre dans lequel il excellait particulièrement, on a toujours voulu le parquer dans ce genre un peu étroit, un peu circonscrit. Il en est souvent ainsi chez nous, où la masse est routinière, et où les individualités ont fort affaire à regimber contre les idées courantes, à faire preuve de quelque initiative. Un artiste réussit-il à souhait dans une branche ou dans une variété de l'art qu'il exerce, vite on le classe en dépit de lui-même, son rôle est tracé, sa voie est marquée, et il n'en peut plus sortir sans qu'on lui crie : Haro ! On lui défend de courir les buissons, de gravir les collines, de descendre au fond des vallées, de s'attarder aux étoiles, d'admirer le ciel bleu, les grands arbres, les vertes prairies ; on l'empêche de s'étendre mollement le long de la rive, à l'ombre des vieux saules chevelus, de contempler nonchalamment les ondes transparentes du lac ou les eaux vives du ruisseau ; on lui interdit tout écart, toute échappée, tout chemin de traverse, et, comme le pauvre bidet efflanqué qui toute sa vie tourne la meule parce qu'il ne peut faire autre chose, on l'oblige, lui, l'être intelligent, le créateur inspiré, l'artiste fantaisiste et capricieux, à suivre sans cesse le même sentier, le sentier bête de la routine et de l'habitude ; et l'on prétend couper les ailes de sa muse, et l'on veut brutalement arrêter l'essor de son imagination, et on lui dit cruellement : « Tu n'iras pas plus loin ! » — N'y a-t-il pas là vraiment un pur déni de justice, et n'est-ce donc pas surtout en matière d'art que chacun doit pouvoir librement s'écrier : « Diversité, c'est ma devise ? »

Grisar a eu beaucoup à lutter contre cette tyrannie presque inconsciente de la critique, qui, loin de l'encourager lorsqu'il voulait élever son vol, lui lançait un : « Casse-cou ! » énergique, et à laquelle il doit peut-être de n'avoir pas pu donner la mesure exacte et complète de son talent. Je ne dis pas qu'il fût appelé à produire des chefs-d'œuvre dans le genre dramatique, mais la note émue ou passionnée qu'il a su trouver parfois au fond de son cœur m'oblige à protester de tout mon pouvoir contre l'étroitesse de vue dont on me semble avoir fait preuve à son égard. Et s'il me fallait fournir des exemples à l'appui de mon dire, je citerais, entre autres fragments de ses œuvres, le bel épisode de la mort de l'ange déchu dans *les Amours du Diable*, la romance du troisième acte du *Joaillier de Saint-James*, la scène de la Bible dans *le Carillonneur de Bruges*, enfin certain passage du quatuor du *Chien du Jardinier*, qui tous me donneraient raison aux yeux même des plus prévenus.

Pour en revenir aux *Porcherons*, au sujet desquels je me suis laissé entraîner à cette digression, je sais bien qu'on a dit de la romance de la lettre, si tendre et si pathétique, qu'après tout ce n'était là qu'une inspiration courte, de peu de développement, et qu'il ne fallait pas exalter outre mesure. Mais quoi ! est-il donc si facile d'écrire avec style une romance touchante, qui vous charme et vous émeuve, vous attendrisse et vous entraîne, et fasse tressaillir votre cœur en même temps qu'elle mouille vos paupières ? Est-ce que ce n'est pas dans des romances, dans des airs courts et peu développés, que Mozart, ce génie noble et pur, a mis le meilleur de son être et s'est le plus révélé? Qu'est-ce donc que l'air adorable de *Cosi fan tutte* : « *Un' aura amorosa,* » et celui de Chérubin : « *Voi che sapete che cosa è amor?* » Ne fait pas qui veut de ces romances-là, car il faut les arracher de ses entrailles, les tirer de son sang!

D'ailleurs, à supposer même qu'on veuille considérer la romance de la lettre des *Porcherons* non comme chef-d'œuvre, mais comme un simple hors d'œuvre, plus ou moins réussi, on n'en saurait dire autant, je je pense, du bel épisode qui ouvre le finale du premier acte. Cette scène de l'évanouissement est traitée avec un rare talent, personne ne le niera; de plus, elle est animée d'un vrai souffle dramatique, empreinte du feu de la passion, et c'est bien d'elle qu'on peut dire qu'elle accroche votre cœur et vous tire les larmes des yeux. Ecoutez cette phrase si expressive d'Antoine :

> Ah! revenez à vous,
> Ouvrez vos yeux si doux,

Calmez la peine extrême
De tout ce qui vous aime.

Elle est bien simple, cette phrase, dans sa contexture, dans son tour mélodique, et pourtant, ne l'entendez-vous pas pleurer, ne voyez-vous pas là l'accent d'une passion véritable et sincère, et ne sentez-vous pas redoubler cet accent lorsque toutes les voix viennent se joindre à la voix principale et que les violons, s'emparant du chant pour le doubler, semblent gémir à leur tour sur le malheur que chacun redoute?

Oui, cette scène est belle et véritablement enflammée. Qu'on le croie bien, ils sont rares encore les musiciens capables de traiter une situation avec des accents si touchants et si vrais, et n'y eût-il, dans toute la partition des *Porcherons*, que la romance citée plus haut, ce tableau ému de l'évanouissement, et le duo rapide et brûlant du troisième acte, que le nom de l'artiste mériterait d'être tiré hors de pair et distingué de la foule. Si toute cette partition était à ce point inspirée et se maintenait à la même hauteur, elle constituerait tout simplement un chef-d'œuvre. Hâtons-nous de dire qu'elle est au moins une œuvre fort distinguée, dans laquelle le talent de l'auteur a prouvé autant de souplesse que de variété, et où il a su prendre les tons les plus divers. Le trio bouffe du second acte est une excellente inspiration, et le tableau entier des Porcherons, empreint d'une couleur très-vive et d'une verve éclatante, plein de vie, de mouvement, de chaleur et d'animation, présente une progression constante d'effets, des contrastes puissants, s'unissant aux qualités les plus sérieuses du vrai musicien dramatique. On se rappelle encore l'effet produit à la représentation par les couplets à Bacchus et la fameuse ronde des Porcherons, où la partie chorale est magistralement traitée. Tout cela est vraiment plein de lumière, de joie et d'ivresse. J'ajoute que la partition est écrite, d'un bout à l'autre, avec tout le soin, toute la conscience, tout le talent d'un artiste véritable, d'un artiste sévère, scrupuleux et exigeant envers lui-même. — Je manquerais à mon devoir d'historien si je ne rappelais ici le souvenir d'une cantatrice de talent, disparue trop tôt de la scène, Mlle Darcier, la sœur du chanteur de ce nom, qui remporta dans le rôle de Mme de Bryane l'un des plus beaux succès de sa rapide carrière. « Son jeu fin, a dit un critique, sa voix expressive et vibrante ont laissé des souvenirs. » Ce rôle fut la dernière création de Mlle Darcier, que nous retrouverons cependant à l'Opéra-Comique lorsque nous aurons à nous occuper du *Carillonneur de Bruges*. Les autres personnages principaux étaient représentés par MM. Mocker, Bussine, Hermann-Léon, Mlle Decroix et Mme Félix (1).

(1)—Je placerai ici un petit document qui ne manque pas d'intérêt. C'est le relevé du compte de Grisar à la Société des auteurs et compositeurs dramatiques pour les droits perçus par lui sur les représentations des *Porcherons* (à Paris seulement), pendant six années : 1850, 1851, 1852, 1853, 1854 et 1856. Ces droits s'élèvent à 21,000 francs environ. Voici le compte :

Janvier 1850..	11	représentations...	3,728 89
Février.......	14	—	3,495 12
Mars.........	12		2,224 65
Avril.........	15		2,887 »

Grisar fut nommé chevalier de la Légion d'honneur à la suite du succès très brillant et très-accentué des *Porcherons*. Son colla-

Mai	10	représentations...	1,248 72
Juin..........	5	—	223 37
Janvier 1851.	4		317 50
Février.......	5		385 05
Décembre.....	3		221 25
Janvier 1852.	5		504 98
Février.......	4		449 48
Mars.........	1		43 94
Avril	1		103 62
Mai..........	4		544 »
Juin	2		218 44
Septembre ...	1		140 »
Octobre......	3		366 61
Novembre....	1	—	213 77
Janvier 1853..	1		72 93
Avril.........	2		263 63
Mai....	1		163 20
Avril 1854...	5		354 90
Septembre ...	2	—	110 28
Janvier 1856..	5	—	804 77
Février.......	8		1,211 88
Mars.........	1		68 25
Avril.........	1	—	173 61
Mai..........	1	—	154 53
Août.........	3		224 01
			20,918 38

Sur le même papier, Grisar avait écrit de sa main

borateur et lui songèrent tout naturellement à mettre ce succès à profit et à lui donner un pendant. Malheureusement, l'accord cessa bientôt entre eux, et voici comment M. Sauvage raconte les faits :

Aussitôt après *les Porcherons*, le directeur de l'Opéra-Comique reçut de moi un nouveau poëme, *Riquet à la Houppe*, en trois actes, en vers, avec prologue. Grisar en était enchanté. Pour établir l'ordre de ses travaux, M. Perrin nous fit signer un traité par lequel nous nous engagions, Grisar et moi, à livrer l'ouvrage dans six mois ; lui, directeur, à le faire représenter dans neuf. — Grisar commença notre œuvre avec la verve, l'entrain, la passion qu'il apportait toujours à son travail. Chaque jour, il me faisait entendre des choses charmantes ; mais tout à coup il se ralentit ; il me demanda des changements qui ne s'accordaient

---

les chiffres suivants, qui me semblent devoir représenter la somme des droits perçus par lui pour tous ses ouvrages, soit à Paris seulement, soit à Paris et dans les départements, pendant les années suivantes :

1851	12,574
1852	23,409
1853	15,510
1854	4,343
1855	10,989

pas avec le sentiment général de l'ouvrage. J'avais fait un opéra-comique dans le ton modéré, contenu, que j'aime pour ce genre ; en un mot, je n'avais pas traité un conte de Perrault comme un fait héroïque de l'histoire romaine. Je demandais à Grisar le charme, la grâce, le sentiment, la finesse, le comique, qualités qu'il possédait au suprême degré ; lui, voulait une œuvre où il pût déployer de la force, de la grandeur, de l'énergie, du dramatique, qui lui faisaient défaut. Nous ne pouvions nous entendre. Sans m'en avertir, persistant au contraire à me dire qu'il continuait mon ouvrage, il fit *le Carillonneur de Bruges*....

Tout en concédant à M. Sauvage — l'un des rares librettistes, d'ailleurs, qui aient honoré la scène lyrique depuis trente ans, et qui aient eu souci des exigences de leur tâche — qu'il était dans le vrai en ce qui se rapporte au caractère du sujet traité par lui et à la façon dont il voulait le voir interpréter par son collaborateur, je lui laisse sur celui-ci la responsabilité d'une opinion que je suis loin, on l'a vu, de partager en tous points. J'essayais, il n'y a qu'un instant, de démontrer que Grisar n'était dépourvu ni de passion, ni de sentiment dramatique; je l'essayerai encore lorsque j'en viendrai à parler d'une de ses productions les plus importantes, *les Amours du Diable*. S'il a excédé ses forces dans *le Carillonneur de Bruges*, ce n'est pas une raison pour lui dénier des facultés très-réelles et très-précieuses. Mais avant d'arriver à ce dernier, il me faut parler d'une de ces adorables farces dans lesquelles il excellait véritablement, et qui succéda aux *Porcherons* dans l'ordre chronologique de ses œuvres. Il s'agit de *Bonsoir, Monsieur Pantalon*.

Ce n'est pas sans raison que je qualifie du nom de « farce » cette amusante opérette, qui de longtemps sans doute ne quittera le répertoire de l'Opéra-Comique. Je ne le fais pas seulement à cause de la signification précise qui s'attache à ce mot dans notre langue, mais encore parce qu'au point de vue musical il existe une analogie très-étroite, très-serrée, entre des ouvrages tels que *Gilles ravissseur*, *Bonsoir, Monsieur Pantalon*, et ceux que les Italiens, vu leur nature et leur peu d'importance relative, désignent justement du nom de *farse*, réservant l'appellation d'*opera-buffa* ou *dramma-giocoso* pour des œuvres de dimensions plus considérables et d'un caractère un peu plus élevé. On sait que les musiciens transalpins ont produit en ce genre de véritables petits chefs-d'œuvre, et que c'est par d'adorables pochades musicales conçues dans cet ordre d'idées qu'ils se sont tout d'abord fait connaître chez nous. Les petits opéras-bouffes italiens qui, vers le milieu du dix-huitième siècle, firent irruption sur la scène grave et solennelle de l'Académie royale de musique, où ils étaient joués par Manelli, la célèbre Tonelli et leurs camarades, et dont la représentation donna naissance à la fameuse « querelle des Bouffons, » qui divisa le *tout Paris* de l'époque en deux camps aussi acharnés l'un contre l'autre que jadis ceux des Grecs et des Troyens, n'étaient autres que des *farse*. Et pourtant ils étaient signés des premiers noms de l'art ultramontain : c'était *la Serva padrona* et *il Maestro di musica*, de Pergolèse; *il Paratagio*, de Jomelli ; *i Viaggiatori*, de

Leonardo Leo; *la Zingara*, de Rinaldo de Capoue; *Bertoldo in Corte*, de Vincenzo Campi; *gli Artigiani arrichiti*, de Latilla; *il Cinese rimpatriato*, de Selletti, etc., etc. Les musiciens plus modernes n'ont eu garde de négliger ce genre facile, aimable et joyeux, qui ne ressemble en aucune façon à l'opérette burlesque et grossière que nous voyons fleurir chez nous depuis quinze ans, et dans lequel la musique, tout en se prêtant avec complaisance à la gaieté qui lui est imposée par le sujet, conserve du moins son élégance naturelle, sa grâce et sa chasteté. C'est ainsi que Cimarosa n'a pas dédaigné d'écrire au courant de sa plume enchanteresse *i Matrimonii in ballo*, *il Credulo, le Pazzie di Stellidaura e Zoroastro*, *il Marito disperato ;* que Paisiello a donné *la Bottega del caffè, le due Contesse*, *il Giocatore, il Mondo della Luna;* que Rossini a improvisé *l'Inganno felice*, *Bruschino, la Cambiale di matrimonio, l'Occasione fa il ladro, la Scala di Seta;* que Donizetti jetait sur le papier, entre deux grands ouvrages, les paroles et la musique de *Bettly*, *il Campanello,* etc., etc.

Grisar semblait avoir retrouvé en Italie le secret de ces grands maîtres. Il les a, non point pastichés, — je m'élève encore contre ce mot — mais renouvelés, et unissant leur verve, leur entrain, leur feu, leur éclat, aux qualités naturelles à l'art français, c'est-à-dire la logique, l'esprit, la tempérance, il nous a donné ces petits joyaux exquis, brillants, finement sertis, qui scintillent même aux yeux des profanes, mais font surtout les délices des amateurs de l'art délicat et raffiné.

La partition de *Bonsoir*, *Monsieur Pantalon*, peu développée d'ailleurs, ne contient que sept morceaux, très-courts pour la plupart; mais avec quel soin, quel honorable souci de la forme, quelle élégance, elle est écrite d'un bout à l'autre! Ce n'est point par l'abondance des idées qu'elle brille, et l'on en peut trouver une preuve dans le fameux quatuor : *Bonsoir*, *Monsieur Pantalon*, dont les paroles ont servi de titre à l'ouvrage, et qui roule entièrement, absolument, uniquement, sur une simple phrase de huit mesures, prise et reprise successivement par les différentes voix, et que ne vient même pas aider le moindre contre-chant. Mais ces idées sont travaillées avec tant d'art, tant de goût, tant de savoir, que l'auteur en tire un parti merveilleux. N'est-ce pas un prodige, en réalité, que d'atteindre l'effet, un effet si franc, si sincère, avec le procédé employé dans le quatuor que je viens de citer, et qui n'a jamais manqué son action sur le public ? J'en dirai autant de l'air de Lelio, *J'aime, j'aime*, d'un comique plein de naturel, et dont la forme brève et concise peut servir de modèle.

Je constaterai aussi en passant que Grisar, grâce à son respect pour l'art, ne suivait point la coutume adoptée aujourd'hui par la plupart de nos compositeurs, et qu'il s'est rarement dispensé d'écrire une ouverture pour ses ouvrages dramatiques. Il me faut dire en même temps que ses préfaces instrumentales, malgré la finesse et la délicatesse de son orchestration, ne se distinguent guère par une qualité originale ou personnelle. Pour celle de *Bonsoir, Monsieur Pantalon* en particulier, je remarquerai qu'elle est écrite en *mi* bémol, ton très-sourd pour l'orchestre, et que certains passages, tracés avec le dédain le plus absolu des ressources naturelles de l'instrument, sont d'une exécution à peu près impossible pour les violons.

Jouée d'une façon charmante par Mlles Lemercier, Decroix et Révilly, MM. Ricquier et Charles Ponchard, cette amusante parade, dont les paroles étaient dues à MM. Lockroy et de Morvan, et qui fut représentée le 19 Février 1851, rencontra la même veine de succès que *Gilles ravisseur*. Traduit en anglais peu de temps après son apparition à Paris, *Bonsoir, Monsieur Pantalon* fut accueilli à Londres avec une faveur toute spéciale, au théâtre Adelphi, où une jeune artiste, accoutumée à jouer des rôles travestis, s'était emparée de celui de Lelio, dans lequel elle faisait le plus grand plaisir.

Juste un an après la représentation de *Bonsoir, Monsieur Pantalon*, le 20 Février 1852, *le Carillonneur de Bruges* faisait son apparition sur la scène de l'Opéra-Comique. Le sujet de cet ouvrage, emprunté aux annales brugeoises, est sombre et mélodramatique, et la façon dont le librettiste l'a traité n'était faite ni pour l'alléger, ni pour l'égayer. On a reproché plus d'une fois à Grisar d'avoir accepté le livret du *Carillonneur,* beaucoup plus politique que foncièrement dramatique, et dans lequel l'auteur, M. de Saint-Georges, pour le rendre plus théâtral, avait mêlé à certains épisodes de la révolte des Flandres contre la domination espagnole, les détails d'une fable plus ou moins vraisemblable, et poussée elle-même au noir. Je crois que ce reproche était fondé, à ne considérer que la question d'art pur et la nature des facultés du musicien. On ne saurait oublier toutefois que Grisar était Belge, et qu'à ce titre un tel sujet était bien fait pour le tenter. J'ignore s'il avait dans le cœur quelques sentiments de patriotisme (1), mais en tous cas, et ceci

(1) —On se rappelle pourtant qu'il était au nombre des volontaires de 1830. Je puis ajouter ceci. Un de mes amis, son compatriote, habitant Bruxelles, qui avait bien voulu se charger de demander pour moi à M. Charles Rogier, l'ancien ministre, l'intime et le premier protecteur de Grisar, quelques renseigne-

mis à part, il me semble tout naturel qu'il ait succombé, dans la circonstance, à une sorte de tentation artistique et intelligente. A supposer, en effet, que le caractère de son talent eût pu lui permettre de lutter sans défaillance avec les difficultés que devait lui présenter un sujet vraiment héroïque, n'y avait-il pas là de quoi tenter un esprit distingué, et l'artiste ne trouvait-il pas l'occasion de nous rappeler une époque disparue, de faire revivre à nos yeux un monde en quelque sorte évanoui, par conséquent d'imprégner son inspiration d'une saveur vraiment étrange, d'un accent inconnu, d'une couleur toute particulière ? Cela ne peut faire doute pour quiconque se remémore les glorieux incidents

---

ments qui me faisaient défaut, m'écrivait ceci : — « M. Charles Rogier ne sait rien de particulier sur Grisar. Il l'avait perdu de vue depuis un grand nombre d'années. Il avait une haute idée, dit-il, de son avenir comme musicien... Albert était pour la révolution belge de 1830. A Paris, il avait sucé les doctrines fouriéristes, et ce fut lui qui en parla le premier à Rogier, aujourd'hui grand admirateur du génie de Fourier... »

de la grande épopée flamande, pour qui connaît cette vieille et sévère ville de Bruges, à l'égard de laquelle un chroniqueur a pu très-justement s'exprimer ainsi : — « Il ne lui reste plus de son ancienne splendeur que la largeur de ses rues et de ses places publiques. Sous le rapport des monuments, c'est, de toutes les villes de la Belgique, celle qui a le plus conservé la physionomie du moyen âge. Il faudrait s'arrêter devant la plupart des maisons pour y admirer de jolis détails et de charmants bas-reliefs. Le voyageur, au milieu de ces vieux hôtels, de ces pierres féodales encore debout, espère toujours qu'une noble dame au chaperon de velours et au vertugadin élargi va sortir des portes basses en ogive, le faucon au poing, la queue retroussée par un page. Lorsque le carillon de midi vient de sonner à la Tour des halles, il attend sur le grand marché l'escouade des lansquenets qui va relever le poste d'infanterie belge, et s'étonne de ne trouver que la moderne baïonnette au lieu des hautes et luisantes hallebardes. Il cherche aux fenêtres si quelque dona Florinde ou Juana ne se laisse pas apercevoir derrière une grille ou une jalousie. Quant à l'antique réputation de beauté que les dames brugeoises ont, à travers plusieurs siècles, apportée jusqu'à nos jours, c'est à lui que nous laissons le soin de décider si cette réputation est toujours méritée, et si Bruges peut s'appeler encore aujourd'hui la ville aux belles femmes : *Formosis Bruga puellis....* »

Je le répète donc, l'erreur de Grisar me semble fort naturelle. Seulement, le cadre qu'on lui avait confié, bien que réduit aux proportions du genre et de la scène de l'Opéra-Comique, — auxquels il ne convenait pas d'ailleurs, — était trop vaste encore pour lui, et le compositeur devait user inutilement ses forces en cherchant à le remplir. Traité en vrai drame lyrique et transporté à l'Opéra, où il se serait trouvé à l'aise, le sujet du *Carillonneur* eût certainement flatté et attiré le génie d'un Meyerbeer ; moins mystique et plus humain, plus vraiment musical surtout que celui du *Prophète*, il eût sans doute inspiré à ce grand homme un chef-d'œuvre de plus, et il eût passionné le public, pour qui la lutte héroïque d'un peuple ou d'une caste contre la force brutale qui l'opprime, est toujours un spectacle intéressant. Témoins *la Muette, Guillaume Tell, les Huguenots, Masaniello, les Vêpres siciliennes*, etc.

D'après ce que je viens de dire, on peut supposer — et l'on sera dans le vrai — que le livret du *Carillonneur de Bruges* n'était pas mieux réussi que la partition. Si l'ouvrage n'a fourni qu'une courte carrière au théâtre, ce n'était pas uniquement la faute de cette dernière, qui d'ailleurs, pour fort incomplète qu'elle fût, n'en contenait pas moins des pages remarquables. Si même on voulait tenir pour absolument mauvaise la musique du *Carillonneur*, ce qui serait fort injuste, ce ne serait point une raison pour attribuer à elle seule l'insuccès de cet opéra, car personne n'ignore que si un mauvais livret peut tuer une bonne partition, — et le fait ne se rencontre que trop fréquemment ! — jamais le contraire n'a lieu, et l'on n'a pas d'exemple d'une partition médiocre entraînant la chute d'un poëme intéressant et bien fait.

Pour en revenir à l'œuvre personnelle de

Grisar, j'affirme de nouveau que si l'ensemble n'en est point satisfaisant, elle contient des épisodes très-réussis, des détails fort heureux. Le musicien a été, il est vrai, écrasé par son sujet, mais cela ne l'a pas empêché d'y trouver parfois matière à de jolies inspirations, dont le seul tort est d'être trop rares. Parmi celles-ci, je citerai d'abord le trio de la Bible, scène extrêmement remarquable, aussi bien au point de vue scénique qu'au point de vue musical, d'une inspiration très-soutenue, écrite avec art, et dans laquelle l'instrumentation présente un intérêt particulier; la situation, difficile et complexe, a été traitée par le musicien avec beaucoup d'intelligence, de tact et de bonheur. Le duo de Béatrix et de Marie, *Dans mes bras, ma sœur!...* qui demandait de la tendresse et de l'émotion, est parfait; une passion sobre et contenue s'en dégage d'un bout à l'autre, le dessin musical en est charmant, et le rhythme tout à la fois d'une rapidité, d'un abandon et d'une élégance rares. Le boléro de Mésangère (un boléro à quatre temps, par parenthèse), qui eut tant de succès à la représentation, est vif, guilleret et bien troussé. Enfin, l'air des cloches, très-réussi au point de vue de la facture, et solidement construit, est empreint d'un accent de mélancolie pénétrante. A côté de ces morceaux complets, achevés, il en est d'autres, de qualité secondaire, dans lesquels on rencontre d'adorables fragments, des épisodes d'un caractère excellent, qui, se détachant d'un fond terne ou sombre, saillissent avec éclat et surprennent agréablement l'auditeur. A ce titre, il faut mentionner surtout, dans le trio du premier acte, la phrase si délicieusement coquette de Mésangère : *Ah! comme on s'abuse!* dont la grâce et la fraîcheur sont incomparables, et aussi la jolie cantilène de Wilhem : *Espoir, illusion chérie...*, dans le quatuor qui suit ; celle-ci offre même plus d'intérêt encore que la précédente, parce qu'elle est traitée ensuite en ensemble avec un véritable bonheur.

En résumé, il faut bien avouer que la partition très-touffue du *Carillonneur*, faible en général, incomplète et inégale, est une œuvre mal venue, quelques morceaux heureux, quelques pages aimables ne pouvant en aucun cas constituer un bon opéra. Ce qui a manqué à Grisar pour mener à bien une œuvre de ce caractère et de cette importance, c'est la puissance du souffle, c'est la largeur de l'inspiration, c'est cette ampleur de vues qui donne à l'artiste la possibilité d'embrasser d'un coup d'œil l'ensemble et les détails d'une vaste conception, c'est, en un mot, cette réunion rare de toutes les qualités qui constituent le génie, seul capable de concevoir et d'enfanter des chefs-d'œuvre d'un ordre élevé et supérieur. De ces qualités, Grisar ne possédait qu'une partie, insuffisante à accomplir à souhait la lourde tâche qu'il avait entreprise. On n'en doit pas moins lui tenir compte de ses efforts parfois heureux, aussi bien que des facultés qu'il a su déployer dans cette lutte avec un sujet hostile à sa nature, à la délicatesse (je ne dis pas à la faiblesse) de son tempérament artistique. Tout bien considéré, on peut dire de la partion du *Carillonneur* qu'elle est l'erreur d'un homme de talent, qui a su pourtant en plus d'un endroit y faire preuve d'inspiration, de savoir et de savoir-faire, et dont la personnalité se révélait parfois, en dépit de tout, de la façon la plus nette et la plus heureuse.

Comme dernière remarque, je ferai observer que Grisar a su faire un véritable type du personnage aimable de Mésangère, qui est la grâce et le sourire de cette pièce aux noires couleurs, et qui se détache du fond sombre de l'ouvrage comme une étoile dans un ciel orageux. Pour interpréter ce rôle, auquel il avait prêté des accents pleins de fraîcheur et d'une gentillesse mêlée de crânerie, il eut la chance de rencontrer une artiste charmante, à l'aurore de sa carrière, et à laquelle un talent grandissant chaque jour en pureté et en éclat a créé depuis une renommée européenne. Je veux parler de Mlle Félix Miolan, devenue peu d'années après Mme Carvalho. C'est M. Battaille qui créa, avec succès, le rôle de Mathéus Claës, le vieux carillonneur patriote. Le personnage de Béatrix était représenté par Mlle Wertheimber, qui sortait du Conservatoire avec les deux prix de chant et d'opéra, et qui faisait sa première apparition devant le public; pourtant, cette jeune artiste s'étant trouvée, au bout de quatre ou cinq représentations, assez gravement indisposée pour arrêter la marche de l'ouvrage, on vit paraître dans ce rôle Mlle Darcier, qui, à la suite d'un riche mariage, s'était retirée du théâtre depuis plus d'une année, et y fit par ce fait une courte rentrée (1); lorsque Mlle Wertheimber fut en état de reparaître à la scène, les deux cantatrices jouèrent le rôle concurremment, chacune leur tour; on y vit aussi Mlle Meyer, aujourd'hui Mme Meillet. Quant aux autres rôles, ils étaient remplis par MM. Boulo, Sainte-Foy, Ricquier et Mlle Révilly.

(1) — Mlle Darcier, devenue Mme Monmignard, quitta définitivement le théâtre très-peu de temps après, au mois d'août 1852. — Au moment où ce livre est sous presse, les journaux donnent la nouvelle de la mort de cette artiste distinguée.

VI

J'arrive à l'une des productions les plus importantes et, à mon sens, les mieux réussies de Grisar. M. de Saint-Georges, l'un de ses premiers collaborateurs, celui qui lui avait donné naguère les poëmes de *Lady Melvil* et de *l'Opéra à la Cour*, et qui venait de trébucher en sa compagnie avec *le Carillonneur*, tout comme il avait fait trois mois auparavant en compagnie de M. Limnander, un compatriote de Grisar, avec le *Château de la Barbe-Bleue*, lui fournit, pour le dédommager peut-être, un livret beaucoup mieux agencé. Le 23 Septembre 1840, M. de Saint-Georges avait donné à l'Opéra un ballet en trois actes, *le Diable amoureux*, qui n'avait de rapport d'aucune espèce avec le roman célèbre de Cazotte, et dont la musique avait été écrite par M. Benoist, l'excellent professeur d'orgue au Conservatoire, et mon cher maître Henri Réber. Reprenant en sous-œuvre l'idée qui lui avait inspiré le scénario de ce ballet, l'écrivain en tira le livret des *Amours du Diable*, livret sinon excellent, sinon nouveau au point de vue des détails, du moins animé, mouvementé, à la fois gai et pathétique, amusant et passionné, et dont le sujet, reposant en grande partie sur l'élément fantastique, était particulièrement propre à provoquer l'inspiration chez un musicien d'une nature fine, intelligente et chercheuse, comme l'était Grisar.

Cet ouvrage, qui était en quatre actes et neuf tableaux, fut représenté au Théâtre-Lyrique le 11 Mars 1853. N'en déplaise aux critiques qui n'en ont vu que la reprise récente à l'Opéra-Comique, et qui ont affirmé au hasard qu'il avait passé presque inaperçu à sa création, il obtint au contraire au boulevard du Temple un succès vif et prolongé, dû principalement aux trois causes que voici : d'une part, un livret sinon parfait, du moins intéressant et varié, dans lequel l'élément comique et l'élément dramatique, répartis à doses à peu près égales, se mariaient de la façon la plus heureuse ; de l'autre, une partition qui, pour n'être pas un chef-d'œuvre accompli, offrait un ensemble des plus remarquables, et dont certaines parties, présentant parfois des contrastes saisissants dans le style du compositeur, atteignaient à la perfection presque absolue ; enfin, une interprète principale d'un rare talent, qui, j'ignore par quel effet de malechance, n'a pu se faire à Paris la place qu'elle y méritait, et à qui le rôle du démon féminin Urielle aurait dû créer une réputation exceptionnelle.

Je veux parler ici de Mme Colson, une artiste fort distinguée, aujourd'hui complétement oubliée du public parisien, qui pourtant naguère lui fit fête pendant un instant. Jolie et élégante comme femme, d'une physionomie expressive et sympathique, rayonnante de grâce et de charme, en un mot, véritablement séduisante ; douée en outre d'une voix dont le timbre et l'éclat, l'ampleur et l'étendue ne laissaient rien à désirer, et qu'elle conduisait avec art (elle avait reçu des leçons de Mme Damoreau) ; enfin, avec tout cela, comédienne intelligente, d'un talent plein de souplesse et de variété, unissant la légèreté et la finesse au pathétique et à la passion, Mme Colson semblait avoir été créée à souhait, au triple point de vue de la beauté, de l'art de la scène et de l'art du chant, pour représenter ce personnage singulier et complexe d'Urielle, à la fois fantastique et humain, sceptique et aimant, railleur et généreux. Fille d'obscurs comédiens nomades, elle était venue à Paris après s'être rompue, en province et à l'étranger, à toutes les difficultés pratiques du *métier*, et quoique ayant commencé à treize ans sa carrière, elle avait eu la chance de n'altérer en rien la sonorité métallique d'un instrument splendide qui, disait-on, n'était pas sans présenter un caractère d'analogie réelle avec la voix de Mlle Falcon. Présentée au Théâtre-Lyrique à l'époque où Adam écrivait pour ce théâtre son bel opéra : *Si j'étais roi*, et où il demandait à tous les échos d'alentour une artiste capable d'en interpréter dignement le rôle principal, elle fut engagée aussitôt, s'en alla, sur l'invitation et avec la recommandation du compositeur, demander à Mme Damoreau des conseils qui la missent en état de paraître avec tous ses avantages devant le public parisien, et débuta en effet d'une façon très-heureuse, le 4 Septembre 1852, dans le rôle de Néméa. Peu après, elle fit une nouvelle création dans *Tabarin*, joli petit opéra d'un compositeur mort avant l'âge, Georges Bousquet, qui était aussi un critique délicat, et enfin parut sous les traits du génie Urielle des *Amours du Diable*, dans lequel elle produisit une véritable et profonde sensation. « Ce fut plus qu'un succès, disait un critique, ce fut un triomphe dont les habitués se souviendront longtemps. Mme Colson ne s'arrêtera pas là, nous en sommes convaincu, et sa place est marquée d'avance à l'Opéra. » Pour ma part, je la vis plusieurs fois dans cet ouvrage, et, quoique fort jeune alors, je me rapppelle encore, comme si c'était d'hier, la vive impression que produisirent sur moi et la saisissante musique de Grisar et sa principale interprète, aussi remarquable par sa beauté que par son double talent de comédienne et de chanteuse. Peu de temps après, et malgré son grand succès, Mme Colson quitta le Théâtre-Lyrique. N'ayant trouvé sans doute ni à l'Opéra, ni à l'Opéra-Comique l'emploi de ses rares facultés, elle s'en fut, je crois, à l'étranger, où elle embrassa la carrière italienne; toujours est-il que depuis lors on n'en entendit plus parler en France. Il ne m'en a pas semblé moins intéressant de rappeler en peu de mots, à propos d'une œuvre de Grisar au succès de laquelle elle avait puissamment aidé, le souvenir d'une artiste fort distinguée, qui méritait mieux que l'injuste oubli dans lequel son nom est resté enveloppé (1).

---

(1). — Par ce fragment d'une lettre qu'il adressait à son frère Félix le 3 Juin 1854, on verra combien Grisar lui-même était satisfait du talent que Mme Colson avait déployé dans son ouvrage : — « ...Je te remercie

Ce n'est pas, je l'ai donné à entendre, par la nouveauté que brillait le livret des *Amours du Diable;* son défaut était même de reproduire, un peu servilement parfois, des situations connues et très-célèbres, telles, par exemple, que la scène du jeu et l'évocation des nonnes de *Robert,* déjà traitées musicalement d'une façon si supérieure, et qui exposaient le compositeur à des comparai-

---

bien des détails que tu m'as donnés sur *les Amours du Diable* à Bruxelles. La reprise de cette pièce à Paris a été très-brillante, mais Mme Colson était enceinte, cela la fatiguait trop de faire tous ses changements de costumes et de descendre dans des trappes comme elle était obligée de le faire. Elle a donc été dans la nécessité de suspendre les représentations de cette pièce, et comme il n'y a personne capable de jouer ce rôle (elle y était vraiment *admirable*), la pièce a disparu momentanément de l'affiche... »

Dans cette même lettre, Grisar donnait son avis sur *l'Étoile du Nord,* que Meyerbeer venait de faire jouer à l'Opéra-Comique : — « ...Je ne t'ai pas parlé, je crois, de *l'Étoile du Nord;* il y a de fort belles choses au second acte, quelques-unes aussi dans les autres, mais cela n'est pas du tout renversant, comme *la blague* voudrait nous le faire croire, et j'aimerais bien mieux avoir fait *le Pré aux Clercs, la Dame blanche* ou *Fra-Diavolo,* que cette fameuse Étoile. »

sons dangereuses. Peut-être même sont-ce les souvenirs que ces réminiscences amenaient forcément dans l'esprit des auditeurs qui furent cause que l'on ne rendit pas pleine justice à l'œuvre de Grisar, et que la critique lui tint, moins que le public, compte de ses efforts souvent heureux et intelligents. Pourtant, je le répète, ce livret ne manquait pas de qualités, de qualités musicales surtout.

Voici, en peu de mots, le résumé de l'action. — Un jeune seigneur, le comte Frédéric, amant d'une comédienne, après avoir rompu avec sa maîtresse et perdu au jeu toute sa fortune, s'éprend d'une jeune fille qui a été sa sœur de lait. Belzébuth, qui, au dire des poëtes et des librettistes, se mêle toujours des affaires de ce monde, croit voir un bon coup à faire. Il dépêche auprès de Frédéric un lutin femelle, Urielle, qu'il oblige à changer de sexe pour accomplir la mission dont il le charge, et à qui il ordonne de s'attacher aux pas du jeune comte, de l'ensorceler et de ramener son âme en enfer. Mais Urielle, en dépit de son origine — ou peut-être à cause de cette origine — a le cœur inflammable et devient amoureuse de Frédéric; celui-ci n'en tient compte et reste fidèle à Lilia, qu'il veut épouser. Furieuse de cette résistance et dévorée par la jalousie, Urielle, par esprit de vengeance, s'apprête alors à accomplir les ordres qu'elle a reçus et va précipiter Frédéric aux enfers, lorsque Lilia menace de se tuer pour sauver son amant. Touchée de ce dévouement, Urielle fait elle-même le sacrifice de sa vie pour épargner celle du comte, et retourne seule auprès de Belzébuth subir le supplice qui l'attend. Tel est, dans ces lignes principales et dégagé de ses nombreux accessoires, le sujet des *Amours du Diable,* sujet trop développé sans doute par l'auteur, trop touffu, mais fertile en situations et essentiellement lyrique.

Si la partition écrite sur ce texte par Grisar n'est point parfaite, si elle manque parfois d'ampleur et de puissance, si elle pèche par rapport à la largeur de plan, à l'unité de conception, elle se fait cependant remarquer par de rares qualités, et l'on y peut signaler surtout la franchise des contrastes, la facilité avec laquelle le compositeur changeait de ton et d'accent, la souplesse de style dont il faisait preuve dans le mélange des situations comiques et des situations dramatiques. En un mot, si ce n'est point une *œuvre* au point de vue de l'ensemble et dans le sens élevé de l'expression, c'est du moins une production très-distinguée, dont certaines parties sont traitées avec une supériorité véritable, et où l'on rencontre tour à tour le charme et la grâce, la finesse et l'esprit, la tendresse et l'émotion, parfois même le pathétique et une passion très-intense. Un ami, auquel je demandais un jour son sentiment au sujet de cette partition, me répondit qu'à ses yeux c'était un adorable album. Peut-être ce jugement est-il plus réellement exact qu'il n'en a l'air; peut-être, en effet, la musique des *Amours du Diable* constitue-t-elle, plutôt qu'une véritable partition, une sorte d'album très-varié de tons et d'effets, très-divers au point de vue de la pensée, quelque chose d'analogue à certains recueils de poésies, ceux de Musset, par exemple, où une gaieté incisive et railleuse fait place tout à coup à une mélancolie insondable et profonde, où la grâce du sourire, la délicatesse de la fantaisie, viennent se fondre dans l'amertume d'une larme, dans l'expansion d'une douleur cuisante, où *Mimi Pinson* et la *Ballade à la lune* côtoient *Rolla* et les *Stances à la Malibran.*

Quoi qu'il en soit, je ne puis résister au désir de tracer ici une analyse de la partition des *Amours du Diable,* et tout en le faisant d'une façon aussi rapide que possible, je ne pourrai me dispenser d'entrer dans quelques détails.

L'ouvrage étant très-développé, très-substantiel, Grisar n'a pas jugé à propos, cette fois, d'écrire une ouverture, et s'est borné à quelques mesures instrumentales s'enchaînant avec l'introduction. Celle-ci ne présente rien de remarquable, si ce n'est les jolis couplets de Phœbé, pleins de fraîcheur, qui y sont encadrés. — La scène de jeu, renouvelée de *Robert* et se présentant dans les mêmes conditions scéniques, pâlit évidemment devant celle-ci et manque d'ailleurs d'originalité; elle est cependant solidement construite et d'une facture très-serrée. C'est aussi par l'originalité que pèche la scène du second tableau, dans laquelle Belzébuth, maudissant la terre et le ciel, évoque Urielle pour l'envoyer à la poursuite de Frédéric; elle n'est pourtant ni sans vigueur ni sans fermeté.

Le duetto pendant lequel Urielle enivre Frédéric ne renferme que deux phrases, courtes toutes deux; mais ce petit morceau, empreint d'une grâce délicate, est de tout point charmant. Quant à l'air d'Urielle, qui vient ensuite :

Dans le sommeil où je le plonge,
Qu'il soit heureux au moins en songe;
Que mes regards, que mes accents,
Portent le trouble dans ses sens.
O doux sommeil !
A son réveil
Qu'à son cœur l'amour me rappelle,
Et qu'à ses yeux toujours plus belle,
Moi seule ici
Règne sur lui,

il est d'une grâce enchanteresse, d'une suavité pénétrante, et son dessin mélancolique, son rhythme onduleux et caressant en font une des inspirations les plus touchantes qu'il soit possible d'entendre. Nous le retrouverons d'ailleurs plus tard, et le retour de ce motif, dans la situation très-dramatique où il est entendu de nouveau, est un vrai trait de génie.

Au second acte, après un chœur d'introduction en mouvement de valse, d'une franchise et d'un dessin vigoureux, après la romance de Frédéric,

> Dans un rêve délicieux
> J'entends une douce harmonie,

qui est pleine d'une tendresse infinie et d'une passion véritable, vient le fameux trio du chapeau, très-singulier par ses alternatives de chant bouffe et de chant passionné, et très-réussi, quoique peut-être un peu long.

On peut reprocher aux couplets de Lilia, *Gardez vos propos, mon beau page*, de manquer de nouveauté dans le dessin mélodique, surtout en ce qui concerne le premier motif; mais le trio rapide qui suit et qui termine le tableau est très-chaud et très-pathétique.

Je passe sur les couplets du pirate Bracaccio, qui n'ont ni relief ni saveur, pour louer comme elle le mérite la romance d'Urielle :

Il est là, près d'une autre belle ;
Il est là, tout brûlant d'amour...

romance empreinte d'une passion ardente et désolée, et dont l'harmonie est très-élégante et très-expressive.

Malheureusement, dans le finale du second acte, Grisar a été visiblement débordé par la situation très-dramatique qu'il avait à traiter. Lilia, la fiancée du comte, a été enlevée par des pirates, à l'instigation d'Urielle, qui s'empare de ses vêtements de mariée, et, le visage caché par son voile, prend la place de la jeune épouse et se présente à l'autel. Ce sacrilége attire sur son auteur la fureur du ciel : un orage terrible éclate ; Urielle, frappée par la foudre, tombe inanimée dans les bras de Frédéric, et tandis que celui-ci, la reconnaissant avec stupeur, découvre la substitution, on aperçoit au loin, dans une barque ballottée par les flots, Lilia emmenée par les pirates. — Le chœur de fête qui ouvre ce morceau très-important est plein d'éclat et d'allégresse ; la phrase qui suit, accompagnée par l'orgue et dite d'abord dans l'église par les enfants de chœur, puis reprise par toutes les voix, ne manque pas de caractère ; l'orage est traité avec une certaine vigueur, et l'accompagnement instrumental qui soutient l'ensemble vocal n'est ni sans accent, ni sans puissance ; mais, à partir de l'évanouissement d'Urielle, le compositeur est évidemment dérouté, et, abandonné par l'instinct scénique qui le sert ordinairement d'une façon si sûre, il se perd dans une orgie de sonorité, dans un déchaînement d'orchestre et de voix où l'idée musicale disparaît absolument pour faire place au bruit proprement dit, à un fracas vulgaire et assourdissant. Ce n'est plus un orage, c'est une tempête, mais une tempête moins l'immense, saisissante et majestueuse harmonie produite par les éclats de la foudre, par les sifflements des vents en fureur, par le grondement formidable des flots déchaînés, se précipitant les uns sur les autres avec une sorte de rage mystérieuse.

Dans la scène de l'évocation des démons

qui forme le cinquième tableau, et dont la première partie est cependant remarquable, surtout au point de vue de l'orchestre, Grisar, et cela se comprend, a été gêné par le souvenir de Meyerbeer, contre lequel il avait à lutter. Il est évident que, tandis qu'il écrivait cet épisode, les magnifiques accents du tableau des nonnes de *Robert* résonnaient malgré lui dans ses oreilles. Son collaborateur lui avait rendu là un mauvais service; aussi ce tableau fut-il supprimé, si j'ai bonne mémoire, lors de la reprise de l'ouvrage qui eut lieu en 1863 à l'Opéra-Comique (1).

Une seule scène constitue aussi le sixième tableau, celle de la vente de Lilia par les pirates. Très-bien faite d'un bout à l'autre et souvent inspirée, cette scène comprend un chœur, un air de danse d'une adorable légè-

(1)—Ce transfert de l'ouvrage d'un théâtre à l'autre donna lieu à un procès intenté par M. Carvalho, directeur du Théâtre-Lyrique, aux deux auteurs et à la direction de l'Opéra-Comique. *Les Amours du Diable* furent joués néanmoins à la place Favart, et c'est à Mlle Galli-Marié que revint le rôle d'Urielle et la succession de Mme Colson.

reté, le morceau d'ensemble de la vente, de jolis couplets chantés par Urielle, et un dernier ensemble se développant sur un motif de marche déjà entendu. Ici nous retrouvons le vrai Grisar, avec sa grande entente du théâtre, son élégance, sa sûreté de main et sa veine mélodique.

Mais l'épisode le plus remarquable, le plus complet, le plus parfait de toute la partition, est celui qui compose le septième tableau. Ici, on a parlé de chef-d'œuvre, et à mon sens le mot n'a rien d'exagéré. Tout ce tableau est effectivement un vrai chef-d'œuvre, d'une pensée élevée, d'un sentiment plein de pathétique et de passion.

Pour sauver Lilia des mains des pirates qui la voulaient vendre, Frédéric a signé avec Urielle un pacte par lequel il s'engage à lui livrer son âme. Le délai fixé par ce pacte est expiré, et tandis que Frédéric et Lilia ne songent qu'au bonheur de s'aimer, le démon vient réclamer sa proie. Ni les imprécations du comte, ni les prières de la jeune épouse ne peuvent toucher Urielle, dont le cœur est dévoré par la jalousie :

Que t'ai-je fait?

dit Frédéric;

Il le demande, hélas!

répond Urielle:

Tu ne le vois donc pas!
Tu ne vois pas que je t'adore?
Tu ne vois pas que dans mes yeux
Les larmes brillent plus encore
Que ne brillent de tendres feux?

Après de vaines supplications, Lilia menace de se tuer pour unir, dans la mort, son destin à celui de son époux. Urielle est touchée de ce dévouement et se sacrifie alors elle-même :

O dévouement sublime!

s'écrie-t-elle,

Ton cœur aime mieux que le mien.

. . . .

Pour la première fois, je me sens une larme,
Larme d'amour, de repentir;
Pour la première fois la douleur me désarme,
Et moi seule ici veux souffrir.

Pour vous deux des enfers je brave la furie,
Ne me maudissez pas, car je meurs en aimant.

On voit que la situation, pathétique et touchante, était de nature à inspirer un musicien. Grisar n'y a pas failli : il a déployé dans cette page noble et poétique une passion attendrissante, émue, qui se tient juste dans les limites indiquées, et qui n'est déparée par nul effort, nulle exagération. On peut dire ici que l'artiste a fait parler son cœur et qu'il en a tiré des accents d'abord hardis et frémissants, puis pleins d'une douleur profonde, d'une mélancolie infinie et d'une touchante résignation.

L'introduction instrumentale de ce bel épisode est remarquable par sa simplicité et son accent particulier : point de chant, point d'idée mélodique proprement dite, mais un dessin chromatique de basses mis en complète évidence, et dont l'allure tourmentée, la singulière persistance, caractérisent en quelque sorte la situation. Tout le commencement de la scène entre les trois personnages est traité en une sorte de mélopée mesurée, de récit très-musical, harmonisé et accompagné d'une façon très-dramatique. La phrase dite ensuite par Urielle :

L'enfer avec joie
Réclame sa proie.
Le ciel a maudit
L'âme qu'il vendit...

est vraiment pleine d'une flamme ardente, de même que celle qui suit :

Tu ne vois pas que dans mes yeux
Les larmes brillent...

dont la passion intense, la poignante émotion se communiquent facilement à l'auditeur. Après les mots de haine de Frédéric, les trois voix entonnent un ensemble chaleureux, d'un rhythme cursif et serré; puis, sur la menace de Lilia de se donner la mort, Urielle fait entendre un chant plein d'une tristesse morne, d'une mélancolie profonde; c'est alors, et tandis qu'Urielle, brûlant le pacte qui lui livrait la vie de Frédéric, se sacrifie elle-même et meurt pour sauver celui qu'elle chérissait, qu'on entend revenir à l'orchestre l'adorable mélodie qu'elle a chantée au premier acte sur ces paroles : *Dans le sommeil où je le plonge...* ; dite ainsi dans le *mezzo-forte* par le quatuor des instruments à cordes, cette mélodie, dont la sonorité, alors mystérieuse et voilée, paraît comme enveloppée de ténèbres, prend un caractère touchant de douleur résignée, et semble vraiment comme un adieu suprême adressé à la vie par l'être qui croyait s'y rattacher à l'aide de l'amour. Je ne crois pas qu'il soit possible de voir et d'entendre ce fragment de scène sans en être ému jusqu'aux larmes.

Si je me suis tellement étendu sur la partition des *Amours du Diable*, c'est qu'elle me semble caractériser d'une façon toute nouvelle et toute particulière le tempérament artistique de Grisar. Nulle autre part il n'a montré, comme il l'a fait ici, les sentiments vraiment humains dont son âme était possédée, et qu'il savait faire passer dans sa musique : la mélancolie, la tendresse, et une passion véritable et sincère, passion qui, si elle ne pouvait s'élever jusqu'aux élans héroïques, se traduisait du moins en des accents émus, touchants, et qui, partant du cœur, savaient l'aller frapper. Ce Grisar-là, — jamais je ne cesserai de le répéter, — on ne lui a pas rendu justice, on ne l'a pas compris, et je n'oserais affirmer que ce n'a pas été là l'une des causes du découragement de l'artiste, désespéré de se voir cantonner en dépit de tout dans les petites épopées bouffonnes où il excellait, je suis loin de le contester, mais où il sentait sa muse étouffer et dépérir. Que ceux qui ne me croiraient pas sur parole veuillent bien prendre la peine de lire avec soin et sans prévention la partition — très-inégale assurément, mais pleine de vie et de chaleur — des *Amours du Diable*, et je suis convaincu qu'un examen attentif les rapprochera beaucoup de l'opinion que j'exprime ici. Ne dussé-je ramener à cette opinion que quelques esprits sincères et jusqu'alors inattentifs, je ne croirais pas avoir perdu mon temps en plaidant une cause que personne, ou presque personne encore n'a défendue.

Mais tandis que je m'attarde à parler du

diable et de ses amours étranges, quel tableau charmant, quel aimable et frais paysage, couvert d'un ciel transparent et comme enveloppé dans une brume printanière, vois-je surgir tout à coup? La toile est d'une fraîcheur adorable, et mérite qu'on s'arrête à la contempler. — A gauche, une maisonnette mignonne, coquette, bien entretenue, qui fait reluire au soleil levant les volets de ses fenêtres encore closes ; à droite, un petit corps de logis d'apparence plus modeste, couvert de chaume, et dont le toit est percé d'une lucarne au haut de laquelle, fixée à un large crampon de fer et munie d'une corde, se trouve une poulie dont le jeu sert à transporter rapidement dans le grenier les nombreuses bottes de foin qui sont là, entassées au pied d'un arbre. Près de la maisonnette, un puits, dont les parois sont comme tapissées de mousse, de lierre et de liserons, et dont la margelle elle-même, envahie par ces parasites gracieux, donne à l'œil le spectacle d'une large couronne de verdure. De ce côté, un large billot monté sur ses trois pieds grossiers ; de l'autre, une pierre à laver le linge, avec le battoir obligé : çà et là, des touffes d'arbrisseaux plantés en désordre et poussant comme au hasard ; au fond, un mur de clôture, le long duquel, drue et touffue, grimpe une vigne aux cent bras vigoureux, et, adossée au mur, une échelle haute et solide. Enfin, par delà cette clôture de pierre, une campagne verdoyante, humide de rosée, et que baigne la blanche clarté de l'aube naissante : le tout offrant un horizon borné, mais réjouissant.— Où sommes-nous donc ? et quel est ce tableau rustique, image et comme symbole de la vie paisible et uniforme des paysans ? Nous sommes dans la cour d'une ferme ; la journée commence, il semble qu'on entend le léger bruissement des feuilles, le chant lointain des oiseaux jaseurs, le bourdonnement des insectes, le murmure du ruisseau voisin, le tic-tac du moulin dont la roue se met en mouvement, tous les mille bruits divers, enfin, qui signalent le réveil de l'homme et de la nature, et... et tenez, entendez-vous ? c'est la chanson du « Chien du jardinier » qui résonne au loin, entonnée à pleine voix par le gros fermier Justin, et dont les accents francs et bien rhythmés viennent réjouir nos oreilles :

Le chien du jardinier
Est un chien bien particulier.
Devant sa soup' qu'il considère,
Il pass' son temps à ruminer
Sur c' qu'il doit faire ou ne pas faire,
S'il doit dîner ou n' pas dîner.
En attendant, manie étrange,
Il prétend que personn' ne mange ;
C'est là son tic, son embarras.
Mang'ra-t-y, n' mang'ra-t-y pas ?
Ah ! ah ! comme on rira
Le jour où ce chien mangera !

Le chien du jardinier
Est encor bien plus singulier.
Il est sans goût pour sa pâtée ;
Mais qu'un voisin, étourdîment,
Vienne ronger à sa portée
L'objet le plus indifférent,
Soudain sa jalousie éclate,
Et crac ! il met dessus la patte !
Mais ici, nouvel embarras :
Mang'ra-ty, n' mang'ra-t-y pas?
Ah ! ah ! comme on rira
Le jour où ce chien mangera !

C'est donc du *Chien du Jardinier* que je veux parler maintenant. Le sujet de la pièce, connu de tout le monde et frappé à neuf dans la chanson que je viens de citer, se résume en ceci. La jeune Catherine, riche et jolie fermière, a à son service, outre un beau garçon nommé François, un peu niais, un peu bêta,

Au demeurant le meilleur fils du monde,

une cousine à elle, Marcelle, aussi jeune et jolie qu'elle-même, mais complétement pauvre. Marcelle aime François, François aime Marcelle, et tous deux veulent s'épouser; mais Catherine est là, Catherine est coquette, envieuse du bien d'autrui même quand elle n'en a que faire, et pour empêcher ce mariage, elle tourne la tête à François, qui lui est absolument indifférent, et le rend amoureux d'elle. Survient un riche fermier des environs, Justin, avec lequel Catherine s'est presque engagée naguère, et qui vient lui rappeler sa promesse; mais celui-ci étant libre de tout lien, elle s'en soucie peu, et, comme nous disons aujourd'hui dans notre langage élégant, le fait *poser*. Dépités, Justin et Marcelle forment le projet d'unir leurs deux déceptions, ce qui promet un mariage de convenances assez singulier; mais ce n'est point encore là l'affaire de Catherine, qui, ne voulant point voir manger les autres lorsqu'elle-même n'a pas faim, met des bâtons dans les roues de leur char nuptial. C'est alors que Justin chante la chanson du « Chien du jardinier. » Catherine, qui n'est point sotte, comprend l'épigramme; elle mord ses jolies lèvres, profite de la leçon, et tout finit par un double mariage. Le refrain de la chanson est alors repris en chœur, avec cette légère variante :

Ah! ah! comme on rira
Le jour où chacun s' mariera!

Il est difficile de rencontrer un livret d'opêra-comique plus ingénieux dans sa simplicité, mieux fait, plus nettement tracé, avec ses alternatives de gaîté franche et de sensibilité douce, que ce livret leste et souriant du *Chien du Jardinier*. Aussi Grisar a-t-il soigné de son mieux l'œuvre de ses collaborateurs, MM. Lockroy et Cormon, et de l'œuvre a-t-il fait un chef-d'œuvre. La partition du *Chien du Jardinier* restera longtemps au répertoire, non-seulement à cause de sa valeur intrinsèque, mais aussi parce qu'elle est un type, chose si rare en musique, et que son caractère s'allie admirablement à la nature du sujet et à la condition des personnages représentés. On a dit d'elle que c'était « un Watteau en musique. » L'analogie n'est pas absolument exacte. Avec une touche plus ferme et plus serrée que celle de Florian, avec plus de vigueur dans le *rendu*, plus de consistance dans les procédés, Watteau n'a peint, comme Florian, qu'une nature et des paysans de convention, une nature mignarde et pomponnée, des paysans enrubannés, enguirlandés, portant la poudre et les mouches. Avec Watteau comme avec Florian, il semble qu'on se retrouve dans le milieu intellectuel créé par messire Honoré d'Urfé, et que l'on tourne une page de ce fameux roman de l'*Astrée*, qui provoqua une évolution littéraire si singulière au commencement du dix-septième siècle. Tel n'est point le cas en ce qui concerne Grisar : sa nature, à lui, est bien la nature; ses paysans sont de vrais paysans, robustes, bien portants, vêtus comme il convient, parlant comme ils le doivent faire, usant d'un langage en rapport avec leur condition; en un mot, et bien que la grâce ni la délicatesse ne soient exclues de l'œuvre de l'artiste, elles ne tournent pas à la préciosité, et son tableau n'est point un trumeau. — Si l'on voulait, à propos du *Chien du Jardinier*, trouver un point de contact entre l'art de Grisar et celui de certains peintres, ce n'est point en France qu'il le faudrait chercher, pas plus avec Watteau qu'avec Lancret ou Greuze; c'est dans la patrie même du musicien, ou tout auprès : soit en Flandre, soit en Hollande. Encore ne saurait-on espérer découvrir un type identique complet, et faudrait-il opérer une sorte de fusion, de compromis; par exemple, unir la solidité mâle et la fermeté de Téniers à la grâce délicate, à l'élégante souplesse de Wouwerman.

D'autre part, on a, sans s'en rendre compte peut-être, confondu le style du *Chien du Jardinier* avec celui de *Gilles ravisseur* et de

Bonsoir, Monsieur Pantalon, et il semble, par la façon dont on en parle d'ordinaire, que les trois œuvres soient le produit d'une inspiration semblable, ou tout au moins analogue. Rien n'est plus contraire à la vérité, et *le Chien du Jardinier,* venant succéder aux *Porcherons* et aux *Amours du Diable,* comme ceux-ci avaient succédé à *Gilles ravisseur* et à *l'Eau merveilleuse,* prouve une fois de plus la souplesse et la ductilité du talent de Grisar. *Gilles ravisseur* et *Bonsoir, Monsieur Pantalon* sont des farces à l'italienne, dans lesquelles un comique franc, parfois exubérant, s'unit à une étonnante vivacité de diction. *Le Chien du Jardinier,* au contraire, reproduit la véritable allure, présente le caractère tempéré de l'opéra-comique français, où le comique fait le plus souvent place à la gaîté, le rire au sourire, et où cette gaîté, ce sourire, sont parfois interrompus par un élan de sensibilité vraie, de tendresse émue.

Le Chien du Jardinier est donc une franche paysannerie, et non point une bergerade. Son caractère s'annonce dès les premières mesures de l'ouverture (page fine et serrée, délicatement orchestrée, merveilleusement réussie), et ne se dément point jusqu'à la chute du rideau. Et ce qui fait précisément la grande valeur de cette mignonne partition, c'est qu'elle est, de l'un à l'autre bout, d'une égalité parfaite, et que des huit morceaux qui la composent, il n'en est aucun que l'on puisse dire, non-seulement faible, mais inférieur aux autres. — Le duo d'introduction, *Le coq a chanté trois fois*, qu'on pourrait appeler le duo du réveil, est frais en effet comme un chant matinal, plein de grâce et de coquetterie. Celui de Catherine et de François : *De votre audace il faut me rendre compte*, dont l'orchestre est si élégant, si admirablement travaillé, est vif, gai, allègre et mouvementé. Dans le quatuor, écrit d'une main si ferme et si sûre, la phrase dite par Justin : *Chèr' Catherine, à quand not' mariage?* est précédée et accompagnée par un dessin d'altos d'un accent ému et d'une tendresse pénétrante ; cette phrase furtive, qui revient encore un peu plus tard, répand sur l'ensemble du morceau une teinte de mélancolie douce et vague qui rappelle l'image si connue : Une larme dans un sourire. Les couplets de Catherine, d'une allure si coquette, portent une harmonie aussi fine, aussi légère que la mélodie elle-même. Quant à la chanson qui sert de prétexte et de pivot à la pièce, il va sans dire qu'elle est admirablement réussie ; elle est d'une franchise d'accent, d'une carrure de rhythme, d'une solidité de dessin qui ne laissent rien à désirer. Le trio qui suit contient deux tout petits couplets, chantés par Justin pour raccommoder Marcelle et François, et dans lesquels la note émue, si chère à Grisar, a de nouveau trouvé sa place : c'est encore là une des échappées adorables de cet esprit délicat, qui, par l'introduction sur sa toile de ces petits épisodes attendris, faisait d'autant ressortir les couleurs vives et légères de l'ensemble. Il ne me reste plus à mentionner que le duo, plein de malice et de crânerie, des deux femmes tirant au sort l'amoureux qu'elles se disputent, et le finale, qui n'est qu'une mise en œuvre de la chanson.

La première représentation du *Chien du*

Jardinier eut lieu à l'Opéra-Comique le 16 Janvier 1855, et l'on se rappelle encore avec quel succès. Tout concourait, à la vérité, à faire pressentir ce succès : non-seulement le livret était charmant, non-seulement la musique était exquise, mais M. Perrin, qui aimait beaucoup Grisar, avait monté l'ouvrage avec beaucoup de soin et mis à la disposition du compositeur la fleur de son personnel, fait assez rare lorsqu'il s'agit d'une simple pièce en un acte. Les interprètes du *Chien du Jardinier* n'étaient autres que MM. Faure et Ponchard, Mlles Lefebvre (aujourd'hui Mme Faure) et Lemercier, deux chanteuses d'un vrai talent, qui étaient en même temps deux fines comédiennes, et qui, l'une et l'autre, se sont retirées prématurément du théâtre.

Voici en quels termes Grisar annonçait à son frère la réussite de son œuvre nouvelle :

2 Février 1855.

Mon cher Félix,

J'ai été extrêmement grippé depuis la première représentation de ma pièce, et je le suis encore et incapable de rien faire, pas même d'écrire à un frère que j'aime. Je ne t'écrirai donc que quelques mots pour te dire que le succès du *Chien du Jardinier* est le plus grand que j'aie encore obtenu ; il est franc, et il n'y a qu'un avis : pièce, musique, acteurs, mise en scène, tout fait le plus grand effet. — Comme difficulté, aucun musicien ne l'aurait fait ; c'est ce que dit du reste Adam dans son feuilleton. — Je te ferai parvenir incessamment tous les feuilletons que je me suis procurés, afin que vous puissiez les envoyer à Émile avec la partition et le poëme. Colombier vous enverra aussi les partitions ; soyez donc tous tranquilles. — Je te répète que ma musique a fait la plus grande sensation, plus grande même que tu ne le crois ; espérons donc que je pourrai tomber sur une autre bonne pièce, car il faut le dire, celles que j'ai ne me satisfont point ; celle de Duvert et Lauzanne (1) est drôle, mais prête peu à la musique ; j'ai fait tout ce qu'on en pouvait faire, mais je doute que je fasse bien de la laisser jouer, d'autant plus que mes ennemis (?) se remuent diablement et qu'ils viennent de machiner quelque chose qui pourrait bien retomber sur leur nez. (Je

(1) — Le *Voyage autour de ma chambre*.

t'en tiendrai au courant.)—On attend de moi énormément dans ce moment-ci et on a raison ; je me sens fort, quoique un peu fatigué, car depuis quatre ans j'ai produit *les Porcherons*, *Pantalon*, *le Carillonneur*, *les Amours du Diable* et *le Chien du Jardinier*, et c'est bien de la musique !

Tu me disais dans une de tes dernières lettres que nous pourrions peut-être retirer quelque chose des forges cette année (1).—Mon cher Félix, je ne veux rien retirer, mais si j'avais pu toucher (non pas le bénéfice), mais seulement les intérêts de ma part, c'est alors que je serais un véritable artiste et que je pourrais faire de grandes choses. Car ces modiques intérêts, joints à l'intérêt de mes petites économies (2), pourraient me faire

(1) — Des forges situées en Allemagne, et qui faisaient partie de la succession du père de Grisar. Quoi qu'elles fussent d'une valeur très-médiocre, ces forges étaient devenues le *dada* de Grisar, qui fondait sur elles des espérances ridiculement exagérées, d'autant plus exagérées qu'elles furent plutôt un embarras qu'un profit pour la succession, ce dont il fut bien obligé de s'apercevoir plus tard. Je ne maintiens ici ce passage de sa lettre que parce qu'il mène à une réflexion relative à sa vie artistique.

(2) — A cette époque, m'écrivait M. Félix Grisar, Albert avait fait 60 à 80,000 fr. d'économies, qu'il avait placés en obligations des chemins de fer de Lyon.

choisir mes pièces, les attendre, les faire faire à ma guise, et ne faire jouer maintenant qu'un opéra en trois actes, avec la certitude d'un succès éclatant. — Voilà! — Il s'agit de savoir si cela se peut, et si cela ne se pouvait pas, cela serait malheureux ; car, pour manger mon capital, je ne le ferai pas ; il ne faut qu'un mal de tête pour mettre un artiste à néant. — Je suis l'aîné de la famille, je lui fais honneur, voilà 25 ans que je travaille à avoir du talent ; si la famille croit la chose faisable, je lui en serai reconnaissant.

Je te répète encore que *le Chien au Jardinier* a obtenu le succès le plus *éclatant*, et que c'est tapé dans le bon chique (*sic*). La presse est unanime et l'opinion aussi. — Je te dirai qu'on m'a fait des ouvertures très-sérieuses pour le grand Opéra. — Mais ici, comme à l'Opéra-Comique, il faut la bonne pièce, à effets nouveaux et servant la musique. J'ai répondu que ce n'était qu'à cette condition-là que je consentirais.

Je vous embrasse tous de cœur.

Ton frère affectionné,

ALBERT GRISAR.

VII

C'est à la suite de la représentation du *Chien du Jardinier* que Grisar fut atteint d'une sorte de maladie noire, d'affection à la fois physique et intellectuelle, qui le retint longtemps éloigné de tout travail, de toute préoccupation artistique. Devenu mélancolique et sombre, sauvage et presque misanthrope, vivant presque en ermite, ne sortant pour ainsi dire plus de chez lui, il fuyait toute espèce de société et ne trouvait ni charme, ni consolation, même dans la culture de l'art qu'il aimait tant. On ne le voyait plus nulle part, il avait complétement disparu de ce monde parisien qui lui était si cher, et personne n'entendait plus parler de lui. Ce fâcheux état moral dura deux années pleines, et chacun s'en attristait, Grisar étant aussi aimé et recherché comme homme qu'il était apprécié et estimé comme artiste (1).

---

(1) — Je trouve dans la correspondance de Grisar des détails précis à ce sujet. Le 26 Juillet 1858, il écrivait à son frère Félix : « ...Cher frère, on sait bien quand on tombe malade, mais on ne peut rien dire de la guérison, qui arrive souvent plus tard qu'on ne voudrait. Les médecins même se gardent bien de vous dire toute la vérité ; ainsi donc, Gendrin savait bien qu'à la suite de ma congestion j'aurais pendant *deux ans* au moins des crises nerveuses, ce qu'il a eu bien soin de me cacher. Je pouvais donc espérer un rétablissement plus prompt... » — Dans une autre lettre, écrite le 10 Novembre suivant, et que je citerai plus loin tout au long, il lui disait encore : « ...Tranquillise-toi donc, mon cher Félix, et comprends bien qu'une *maladie de deux ans* coûte de l'argent à Paris comme partout ; que si j'avais su, en tombant malade, que ma maladie se prolongerait *deux années*, je me serais arrangé différemment, et que dans ce cas je n'aurais pas dépensé ce que j'ai dépensé. Mais, mon cher Félix, ce sont des raisonnements qu'on fait après

Nous trouvons donc là un point d'arrêt dans sa carrière, une interruption qui ne dura pas moins de quatre ans et demi. Ce n'est qu'au bout de ce temps, le 12 Août 1859, qu'on le vit reparaître à la scène avec un petit acte de MM. Duvert et Lauzanne, *le Voyage autour de ma chambre.*

Je n'ai pas besoin de dire que cet ouvrage n'avait aucune espèce de rapport, hormis le titre, avec l'adorable fantaisie du comte Xavier de Maistre, et que ce n'était nullement une adaptation théâtrale des fameuses dissertations sur l'antagonisme de l'« âme » et de la « bête. » *Le Voyage autour de ma chambre* était simplement un de ces imbroglios fantasques, bizarres, très-mouvementés, pleins d'esprit et d'humour, tel que ses auteurs en avaient tant produit sur nos scènes de genre. Seulement, destiné dans l'origine à un théâtre de vaudeville et conçu en vue de l'excellent comédien Arnal, interprète préféré de MM. Duvert et Lauzanne et compa-

---

la guérison et non pas pendant une maladie nerveuse, de laquelle on espère être débarrassé de mois en mois...»

gnon habituel de leurs succès, cet amusant « voyage » était, de sa nature même, presque hostile à la musique, et sa trasformation en opéra-comique, fruit de je ne sais quel hasard, ne lui fit pas acquérir les qualités lyriques qu'on n'avait pas songé à lui donner tout d'abord.

Il résulta de là que la partition écrite par Grisar sur ce poëme qui n'en était pas un, fut, sinon de qualité, du moins de caractère très-secondaire. Avec son tact ordinaire, son intelligence parfaite du théâtre, le musicien comprit qu'il devait cette fois s'effacer complétement devant ses collaborateurs, que ceux-ci lui avaient donné non un texte, mais un simple prétexte à musique, et que ce qu'ils lui demandaient, c'était plutôt une sorte de demi-renoncement, d'abdication déguisée, qu'une aide dont, en somme, ils n'avaient nul besoin. On a dit qu'en ce cas le compositeur avait poussé trop loin la discrétion, que sa modestie avait dépassé les limites voulues, et on lui en a fait le reproche. — « Il est de notoriété, disait à ce sujet un critique, qu'à l'encontre d'une foule de ses confrères, Grisar, dont le talent délicat et gracieux l'a fait plus d'une fois comparer à Grétry, s'efface modestement devant ses librettistes, et sait les faire valoir sans se laisser oublier. Voyez plutôt les petits chefs-d'œuvre qui ont le plus contribué à glorifier son nom : *Gilles ravisseur, Bonsoir*, *Monsieur Pantalon*, *le Chien du Jardinier*. Son dernier ouvrage est de la même famille, mais, nous l'avouerons, à un degré quelque peu inférieur. Dans cette circonstance, le renoncement de Grisar a peut-être été poussé à l'extrême, et sa coopération musicale n'a pas assez déguisé l'origine de ce vaudeville travesti en opéra-comique. A l'exception d'un seul morceau, sa partition nouvelle ne se compose que de couplets et d'*ariettes*, tout au plus dignes, par leur contexture étriquée, d'un théâtre de genre. Ce n'est pas à dire pour cela que Grisar ait failli à ses qualités ordinaires, qu'il ait abdiqué l'abondance et le charme de ses mélodies, la finesse et la distinction de son style, ce cachet, en un mot, dont il frappe chacune de ses compositions. Nous nous bornons à regretter qu'il ne leur ait pas fait une plus large place à travers la prose de ses collabrateurs.»

Effectivement, par son peu d'importance, la partition du *Voyage autour de ma chambre* échappe en quelque sorte à l'analyse et se dérobe à la critique. Je ne crois même pas qu'elle ait été publiée, et il me semble que quelques morceaux seulement en ont été gravés, séparément. En interrogeant mes souvenirs, je me rappelle un air de baryton : *Sergent du guet...*, qui ne manquait ni de crânerie, ni de verve, ni de caractère, et un morceau scénique, le seul dont l'importance fût réelle, dans lequel on retrouvait avec plaisir toutes les qualités d'inspiration et de facture qui distinguaient le musicien (1).

---

(1) — Les deux rôles les plus importants de ce petit ouvrage étaient tenus d'une façon désopilante par Couderc et l'excellent Lemaire (mort il y a quelques années), qui, l'un et l'autre, s'y montraient impayables. Les personnages secondaires étaient représentés par Mlles Prost, Henrion, et M. Troy.

M. Fétis, qui n'est même pas toujours informé en ce qui concerne ses compatriotes, a écrit ceci dans la notice sur Grisar contenue au quatrième volume de sa *Biographie universelle des Musiciens*: — « Grisar... le 10 Janvier 1855, reparut sur la scène avec un opéra

Ce n'est pas la composition de cette espèce de petit intermède qui dut préoccuper beaucoup Grisar, car en vérité il n'avait en rien modifié les allures premières de la pochade que lui avaient livrée ses collaborateurs : *le Voyage autour de ma chambre* était resté, en passant par ses mains, ce qu'il était tout

---

en un acte, intitulé : *le Chien du Jardinier*, où l'on retrouvait son style mélodique et facile. Éloigné ensuite du théâtre par une longue maladie, il a cessé d'écrire. » — M. Fétis ne mentionne donc pas *le Voyage autour de ma chambre*, bien que cet ouvrage date de 1859, et que le volume de la *Biographie*, contenant la notice sur Grisar, n'ait paru qu'en 1862.

Mais ce qui est plus fâcheux, c'est que M. Fétis ait encore oublié quatre autres ouvrages de Grisar, antérieurs à ce dernier, et qui comptent parmi les plus importants du compositeur: *Lady Melvil*, *l'Opéra à la Cour*, *le Carillonneur de Bruges*, et *les Amours du Diable*, tous quatre en trois actes.

M. Félix Clément, dans la notice qu'il a consacrée à Grisar dans son livre : *les Musiciens célèbres*, a commis à peu près les mêmes fautes et fait les mêmes omissions. Il est vrai que pour ce livre, intéressant d'ailleurs, M. Clément a négligé de remonter aux sources et s'est presque toujours, au point de vue historique, uniquement inspiré de M. Fétis. De là, des erreurs aussi nombreuses que regrettables.

d'abord, un simple vaudeville — un vaudeville avec airs nouveaux, voilà tout.

Mais bientôt il allait songer activement à remettre à la scène un de ses premiers ouvrages, *Lady Melvil,* anciennement représenté à la Renaissance, et qu'il voulait transporter à l'Opéra-Comique. *Le Joaillier de Saint-James,* qui fut donné à ce théâtre le 17 Février 1862, était en effet une édition nouvelle de *Lady Melvil,* mais édition corrigée et remaniée à ce point que l'œuvre était presque entièrement refaite, cinq ou six morceaux seulement restant debout et intacts de la partition primitive. Ce fait paraîtra d'autant moins étonnant lorsqu'on saura qu'à l'époque où *Lady Melvil* fut représentée à la Renaissance, ce théâtre, en quête de ténor, n'avait pu réussir encore à en trouver un, et que le rôle principal de la pièce, celui du joaïllier Bernard, avait dû être confié à un artiste nommé Langeval, qui ne chantait en aucune façon. Ce fut là encore, certainement, l'une des causes nombreuses qui durent refroidir l'inspiration de Grisar en cette circonstance et enrayer le succès de son œuvre.

Mais lorsqu'il refit sa partition pour l'Opéra-Comique, il eut pour interpréter ce rôle le ténor Montaubry, alors très en faveur auprès du public, et non-seulement il écrivit spécialement pour lui un air et plusieurs romances, fit deux duos nouveaux auxquels il prenait part, mais dut remanier aussi à son sujet divers autres morceaux. Enfin, plusieurs changements considérables furent encore apportés par lui aux différentes parties de son œuvre, et l'on peut s'en convaincre en comparant ensemble le livret de *Lady Melvil* et la partition du *Joaillier de Saint-James* (1).

---

(1) — Celle de *Lady Melvil* n'a pas été publiée, probablement à cause de son médiocre succès. — Il n'est sans doute pas sans intérêt de mettre en regard l'une de l'autre les deux distributions de l'ouvrage sur les deux théâtres où il fut représenté :

	Renaissance. 1838.	Opéra-Comique. 1862.
Bernard	MM. Langeval.	MM. Montaubry.
Tom Krick	Féréol.	Sainte-Foy.
D'Esbignac	Saint-Firmin.	Couderc.
John Porter	Henry.	Lemaire.
Lady Melvil	Mmes Anna Thillon.	Mlles Monrose.
Betzy	Chambéry.	Tual.

Pourtant, les destinées du *Joaillier* ne laissèrent pas que d'être tourmentées, et l'ouvrage ne demeura pas moins de six années en répétition, à chaque instant repris, abandonné, puis repris et abandonné de nouveau. On s'en était occupé longtemps avant de songer au *Voyage autour de ma chambre*, et, ce qu'il y a de plus singulier, c'est que le rôle principal, celui qui fut créé par M. Montaubry, après avoir été d'abord écrit par Grisar pour ténor, fut ensuite destiné par lui à M. Faure, modifié par conséquent d'une façon considérable pour pouvoir s'adapter à la voix de baryton de ce dernier, puis, à la suite du départ de cet artiste pour l'Opéra, récrit de nouveau pour ténor, cette fois spécialement en vue de M. Montaubry. A l'aide de la correspondance de Grisar, dont je vais dérouler ici une partie, je vais établir l'historique assez singulier de cet ouvrage, et cette correspondance nous fera connaître en même temps certains menus faits qui lui sont étrangers, mais qui intéressent plus ou moins la carrière du compositeur.

Les commencements de l'odyssée du *Joaillier* remontent à une époque un peu antérieure à la maladie de Grisar, car il dut s'en préoccuper alors qu'il était le plus souffrant. C'est ainsi qu'à ce sujet il écrivait à son frère Félix, le 10 Avril 1856 :

.... J'ai renoncé à plusieurs pièces qui ne m'allaient qu'à moitié, et dans ce moment Saint-Georges et Leuven me font une pièce en trois actes que je crois fort remarquable. Lockroy ne m'a pas encore remis celle en deux actes qu'il s'était *engagé* à me donner le 30 Avril de l'année dernière.— Perrin m'a fait appeler chez lui pour me prier de laisser jouer *Lady Melvil* vers le mois de Mai ; je crois que j'y consentirai, car on dit que cet été sera très-brillant à cause de la paix.... Je voulais écrire à maman tous ces jours-ci, mais comme j'étais triste de mon mal de foie, j'ai toujours remis cela au lendemain. Ce qui est remarquable, c'est que mon teint n'indique pas du tout une maladie réelle du foie ; aussi mon médecin est-il convaincu que j'ai de l'istérie (*sic*), ou maladie nerveuse très-prononcée. Mais il croit que je m'en débarrasserai lestement si je change d'air et prends les eaux de Vichy. — Si *Lady Melvil* se joue, comme c'est plus que probable, puisque cela dépend de moi, maman pourra l'entendre cet été; je crois que Faure y sera bien remarquable....

Quinze mois après, l'apparition de l'ouvrage n'est encore entrevue que dans les brouillards de l'avenir, comme on peut le voir par les lignes suivantes, adressées au même, à la date du 21 Juillet 1857, et Grisar se trouvant alors dans une maison de santé :

.... Ma santé continue à être très-peu satisfaisante, vu surtout les grandes chaleurs qu'il fait dans ce moment-ci et qui me sont contraires....

De Lurieu et Bernard Lopez m'ont remis en entier leur pièce en trois actes, intitulée *les Trois Nicolas;* cela me semble bien réussi, mais j'ai cependant besoin d'y réfléchir à tête reposée et sans me fatiguer (1).

Couderc m'a dit qu'on voulait reprendre les répétitions de *Lady Melvil* avec Faure, pour lequel

---

(1) — On voit que le poëme des *Trois Nicolas*, mis ensuite en musique par Clapisson, avait été d'abord offert à Grisar. On se rappelle que cet ouvrage, représenté à l'Opéra-Comique au mois de Décembre 1858, servit de début à M. Montaubry.

j'ai arrangé le rôle du Florentin et où il sera admirable. Je ne sais si je ferai bien d'accepter, car il me sera impossible d'assister aux répétitions sans de nouveau retomber dans mes crises. On devrait donc répéter sans moi, comme on a fait pour *Gilles ravisseur.* — Perrin doit venir me voir à ce sujet, et je te dirai ce que nous aurons décidé. Il est certain, selon moi, et je l'ai toujours dit, que *Lady Melvil* aura un très-grand succès....

Écris-moi directement à l'établissement hydrothérapique, à Bellevue, près Paris.

Au bout d'une autre année, les choses sont toujours dans le même état, ou à peu près. *Le Joaillier* est en répétition pourtant, mais non pas encore près d'être joué, et l'on voit intervenir *le Voyage autour de ma chambre.* La lettre que voici est du 19 Juillet 1858, et depuis plusieurs mois déjà M. Nestor Roqueplan a succédé à M. Perrin dans la direction de l'Opéra-Comique :

.... Tu verras par la lettre ci-incluse de Roqueplan, et par l'apostille de Duvert (toujours farceur malgré ses 66 ans), qu'il s'agit de mettre immédiatement en répétition ma pièce : *Voyage autour de ma chambre;* deux pièces en répétition en même temps sont une rude besogne, d'autant plus que la pièce de Duvert n'est pas entièrement orchestrée; et pour arriver à bonne fin, il faut absolument que j'aie une entière liberté d'esprit et que je sois exempt de toute espèce de préoccupation.

Le lendemain de la première représentation de la pièce de Duvert, je touche comptant, chez Colombier (par traité), *trois mille francs*, desquels un tiers, soit *mille francs*, reviennent à mes collaborateurs; à la 45e représentation, je touche pour *moi seul* mille francs pour mes soins apportés à la publication, ce qui fait *trois mille francs*. — Pour *Lady Melvil*, tu connais mon traité avec les successeurs de la maison Meissonnier.

.... Si tu peux me rendre ce nouveau service, mon cher Félix, cela me permettra de faire un magnifique hyver (*sic*) et une superbe rentrée à l'Opéra-Comique; car, outre Paris, il n'y a pas une ville de province qui ne se dépêchera de jouer mes deux pièces, après le succès énorme obtenu partout par *les Amours du Diable*.... Il est certain qu'il s'agit ici de 30,000 francs à gagner cet hiver; j'espère donc que tu pourras me rendre ce nouveau service....

Une nouvelle année se passe, et le pauvre *Joaillier* n'a pas vu le jour. M. Faure a quitté l'Opéra-Comique pour l'Opéra, et la combinaison Montaubry prend naissance :

Le jeudi 12 Mai 1859.

Mon cher Félix,

Je procède par ordre, attendu que j'ai répétition à midi.

Lundi, j'ai dîné chez la tante ; maman n'était pas bien du tout, et je voudrais la conduire chez Gendrin.

. . . .

En sortant de chez Mlle Breuillé, j'ai causé avec Merlé (1) du *Joaillier* et je lui ai dit que j'avais arrangé le rôle de Faure pour ténor, et que Montaubry y ferait merveille. Il m'a beaucoup engagé à en parler à Montaubry, comme c'était mon intention.

Hier donc, mercredi, j'ai eu l'occasion d'en causer avec Montaubry, qui est très-impatient de prendre connaissance de ce rôle et qui m'a offert de venir chez moi, attendu que nous serions plus

(1) — M. Merlé, compatriote de Grisar et deuxième chef d'orchestre de l'Opéra-Comique.

tranquilles que chez lui et que cela m'éviterait la peine de trimballer ma musique. — Merlé est venu m'interrompre à ce moment, et je l'ai laissé avec Montaubry, parce que je l'avais prié de le sonder. — Un moment après Merlé m'a rejoint; il en avait causé avec lui et il m'a dit qu'il avait l'air très-monté pour ce rôle, attendu que c'est un rôle très-poétique et sympathique. — Voilà où nous en sommes. Je ne te dirai pas que cela se fera, mais je pense et je crois qu'on peut l'espérer. Mais je ne veux pas en dire davantage, car les affaires de théâtre sont incertaines comme toutes les autres. Si cela était, ce serait une fameuse affaire. Et il ne serait vraiment pas dommage que la chance me revienne, après tous les ennuis éprouvés jusqu'aujourd'hui.

Les recettes de *Faust* ont beaucoup baissé au Théâtre-Lyrique, et l'éditeur se plaint que la musique ne se vend pas. C'est la mélodie qui manque (1). — On n'a pas donné suite à l'idée de

(1)—Si les recettes de *Faust* baissèrent un instant, il faut avouer qu'elles se relevèrent singulièrement par la suite, et que, de plus, l'éditeur n'eut pas longtemps à se plaindre de la vente, car, sous tous les rapports, on a vu peu de succès aussi productifs et aussi prolongés que celui de cet ouvrage. — Quant à

reprendre *les Amours du Diable* maintenant, attendu que c'est une diablerie comme *Faust*. Mais je crois qu'on va reprendre à ce théâtre *les Travestissements*, pour Meillet et sa femme. — Je le crois....

Plus heureux que *le Joaillier de Saint-James*, son frère puiné, *le Voyage autour de ma chambre*, était admis à faire valoir ses droits à la... représentation, et paraissait devant le public le 12 Août 1859. Puis, pour charmer les loisirs que lui laissait une longue attente, Grisar écrivait, en se jouant, deux petits morceaux destinés à trouver place dans une pièce de M. Alphonse Karr (1). Enfin,

l'appréciation de Grisar, je lui en laisse toute la responsabilité, et je continuerai, pour ma part, à considérer *Faust* comme un des ouvrages les plus remarquables qui se soient produits depuis vingt ans sur la scène lyrique française.

(1) — Tout a son intérêt dans les productions d'un artiste distingué. C'est pourquoi je signale ici ces deux morceaux, écrits par Grisar pour *la Pénélope normande*, pièce tirée par M. Alphonse Karr de son roman portant le même titre, et représentée au Vau-

comme il ne pouvait rester indéfiniment dans l'inaction, que d'ailleurs sa santé s'était remise, il songea à autre chose, et, sans laisser *le Joaillier* dans l'abandon, il en vint à s'occuper d'un ouvrage qui fut l'un de ses meilleurs succès : *la Chatte merveilleuse.* C'est ce que nous apprend ce nouveau fragment de lettre (10 Juillet 1859), dans laquelle Grisar,

---

deville le 13 Janvier 1860. De ces deux morceaux, l'un, *la Chanson du Baptême,* « dédiée à son ami Lafontaine, » était chantée par cet artiste; le second, *Chanson de la Goelette,* était un chœur à quatre voix d'hommes. Tous deux ont été gravés.

C'est à cette occasion que Grisar fit la connaissance de M. Lafontaine, aujourd'hui sociétaire de la Comédie Française, et qu'il écrivait à son frère le billet suivant :

« Mon cher Félix,

« Ayant écrit à Gustave plus longuement que je ne croyais, il ne me reste que le temps de t'embrasser, toi et tous les tiens, et de leur souhaiter ainsi qu'à toi de longues années de bonheur, comme vous le méritez. Quant à moi, je dois te répéter que ta bonne affection m'a consolé de bien des épreuves qui durent encore, mais qui, Dieu aidant, auront une fin ; courage donc, et que je puisse rentrer dans mon CALME et m'acquitter de ce que je dois à de bons frères.

« J'ai fait ces jours-ci la connaissance intime de Lafontaine, acteur du Vaudeville, homme d'élite, et qui a été pour

sans nommer l'ouvrage, le désigne d'une façon suffisamment claire :

.... Quant à l'administration (de l'Opéra-Comique), elle branle dans le manche et on dit, *on dit*, que d'ici à un mois il y aura du nouveau. On parle de Perrin. — Cela serait très-heureux.

On croit que Mme Carvalho ne restera pas au Théâtre-Lyrique, et je le suppose, car Carvalho, qui n'a pas pu prendre d'engagement avec moi, relativement à *Riquet*, où je voulais absolument Mme Carvalho, m'a proposé et *remis entre les mains* une féerie de Dennery et Dumanoir pour

•

---

beaucoup dans les derniers succès d'Octave Feuillet (*Dalila* et *le Roman d'un jeune homme pauvre*). Il est on ne peut mieux avec tout l'entourage de l'Impératrice, et il prétend qu'il faut que je fasse une grande entrée à l'Opéra avec une pièce en cinq actes. Il dit que je ne suis pas à ma place et qu'il veut que j'y sois, et que pour cela je n'ai qu'à le vouloir. Nous nous occuperons de cela après la première représentation d'une pièce d'Alphonse Karr qu'il répète au Vaudeville.

« Ce Lafontaine est en même temps auteur et acteur, et est, je te le répète, un homme d'élite comme talent et comme cœur.

« Allons, mon bon Félix, de nouveau un bon baiser de ton frère affectionné,

« ALBERT.

« 31 Décembre 1859. »

Mme Ugalde et pour MM. Meillet et Michot (1), pour être jouée au mois de Janvier prochain. J'y ai déjà travaillé, et quand Carvalho reviendra de Londres, où il assiste aux débuts de sa femme dans la pièce de Meyerbeer, je lui demanderai une réponse définitive.

Il faudrait que je lui livre ma pièce le 1er Novembre au plus tard. — Le sujet est moins grandiose que *Riquet*, mais est fort bien traité et sympathique.

Je voulais ne t'écrire que quelques lignes, et voilà quatre pages.

A bientôt. Je t'embrasse.

Grisar travailla avec activité à *la Chatte merveilleuse*, et fut bientôt prêt. Mais quelque circonstance inattendue vint retarder aussi l'apparition de cette dernière, car, à la fin de 1860, il était question de ne livrer cette partition au public que pour l'inauguration

---

(1)—La distribution définitive de l'ouvrage modifia singulièrement les prévisions premières, car les trois rôles principaux, destinés d'abord à Mme Ugalde, à MM. Meillet et Michot, furent créés par Mme Marie Cabel, MM. Lesage et Monjauze.

prochaine de la nouvelle salle du Théâtre-Lyrique. C'est ce qui ressort de la lettre que voici, dans laquelle nous allons voir réapparaitre *le Joaillier*, et où il est question, d'ailleurs, de beaucoup d'autres choses :

Paris, 8 Décembre 1860.
(Terminée le 10.)

Mon cher Félix,

Voilà cinq jours que je suis couché pour me débarrasser d'un rhume négligé, qui m'empêchait absolument de travailler; je vais beaucoup mieux, et j'espère demain ou après-demain être tout à fait débarrassé et recommencer mon travail.

Tu auras appris par maman le traité avantageux conclu par moi pour l'*inauguration du nouveau Théâtre Lyrique* ; cette inauguration se fera avec la plus grande solennité, et à mon avis la direction ne pouvait choisir pour cela une pièce plus heureuse que la mienne ; je crois que c'est ce que j'ai fait de mieux, et comme pièce c'est ce que j'ai eu de plus *complet* et de plus varié. Cela va en *crescendo*, et le dernier morceau de la pièce, qui est un duo entre le ténor et la femme, sera peut-être le plus grand effet de la pièce. — Dans ce moment-ci, le Théâtre-Lyrique ne possède pas de femme capable de jouer mon rôle, car Mlle Roziès n'a pas la voix suffisante pour chanter ma musique, ni assez d'âme. — Elle est gentille, mais insuffisante. — Nous n'aurions pu en outre arriver qu'au *mois de Mars*, à cause des décorations qui sont très-importantes ; chaque jour alors nous rapprochait de l'été et des chaleurs, enfin c'était une mauvaise affaire, tandis que joué en Septembre, nous avons tout l'hiver devant nous et chaque jour nous conduit au froid. — VOILA.

Quant à l'Opéra-Comique, j'ai lieu aussi d'être satisfait. — Tu sais que, devant M. Bapst, M. Roqueplan s'était engagé à nous jouer dans le courant de l'année 1860, et qu'il engagerait aussi son successeur, s'il venait à quitter l'Opéra-Comique. — C'est ce qu'il a fait très-loyalement (1), et comme l'année 1860 touche à sa fin, et que, par des embarras réels, la direction actuelle n'a pu tenir cet engagement, nous en avons pris un autre par lequel elle nous mettra en répétition après la pièce d'Auber, qu'on répète et qui pourra être jouée dans le courant de Janvier. — Nous y gagnons comme distribution, car le rôle principal, écrit pour baryton, sera joué par Montaubry,

(1) — M. Beaumont avait remplacé M. Roqueplan comme directeur de l'Opéra-Comique, où il ne devait pas rester longtemps d'ailleurs.

ce qui vaut beaucoup mieux, car Faure n'est plus à l'Opéra-Comique et celui qui le remplace ne faisait pas trop notre affaire. Et puis, un ténor étant en somme plus convenable pour jouer un amoureux qu'un baryton. — Cela va me nécessiter un travail de quelques semaines, mais je trouve que cela en vaut la peine.

Je te dirai aussi, mon cher Félix, que j'ai presque *entièrement* composé la musique d'un opéra-comique à trois personnages, ténor, soprano et basse-taille, et dont je ferai quelque chose de *très-bon*. C'est à crever de rire, *mais c'est musical*, tandis que le *Voyage autour de ma chambre* (qu'on reprendra, je pense, un de ces jours) ne prêtait pas beaucoup à la musique et a été joué par des gens qui ne chantaient pas et qui m'ont fait couper un air et un duo excellents. — Je pensais terminer cette petite pièce pour la fin de Décembre et j'aurais pu la faire jouer en Carnaval, soit à l'Opéra-Comique, soit au Théâtre-Lyrique, *à mon choix*, mais le travail que j'ai à faire pour *le Joaillier* m'en empêchera, et *le Joaillier* est d'ailleurs une affaire plus importante.

Mon traité avec Réty (1) porte qu'il faudra que

(1)—Qui avait succédé, comme directeur du Théâtre-Lyrique, à M. Carvalho.

je livre ma partition toute terminée le 1er Mars 1861, dernier délai ; il faut donc aussi que je sois en mesure de ce côté. (Je ne t'envoie pas le traité de Réty, écrit sur papier timbré, double feuille, à cause du port, mais je le montrerai à Guénet.)

Tu vois par ce qui précède, mon cher Félix, que ma position s'améliore et que pendant l'été j'ai, grâce à Dieu, entièrement terminé un opéra en trois actes et six tableaux, et presque terminé un opéra en un acte, ce qui n'empêche pas *Riquet à la Houppe* et la pièce de Lockroy en deux actes. De sorte que l'avenir se présente bien.

La musique du ballet d'Offenbach (1) est détestable ! C'est honteux pour l'Opéra. Son opéra-comique, qu'on répète (2), est une *ordure*, poëme et musique, à ce que tout le monde dit (régisseurs, acteurs, choristes, musiciens, etc.). On ne dit pas de bien non plus de la pièce d'Auber (3), dans

---

(1)—*Le Papillon*, représenté le 26 Novembre 1860.

(2)—*Barkouf*, « chiennerie » en trois actes (comme l'appelait Scudo), qui éprouva une chute scandaleuse, et qui eut six représentations. La septième, quoique affichée, n'eut jamais lieu, et le théâtre fit relâche le jour où elle avait été annoncée.

(3)—*La Circassienne*, représentée le 2 Février 1861, C'était, au point de vue musical, un ouvrage aimable et distingué, qui n'obtint pas tout le succès qu'il méritait, en raison du fait même signalé par Grisar.

laquelle Montaubry se trouve travesti en femme pendant deux actes, ce qui ne me semble nullement sympathique.

Je te prie de communiquer cette lettre à maman, à qui je n'ai pas le temps d'écrire.

Je crois que l'affaire du Théâtre-Lyrique sera *une grande affaire*, non seulement à cause du mérite de l'œuvre, mais aussi à cause de l'inauguration d'une salle magnifique, qui pourra faire comme maximum 7,200 francs de recette. — Comme tu le penses bien, je me contenterai à moins, et il y a tant d'étrangers à Paris vers le mois de Septembre, que je crois qu'on fera beaucoup d'argent.— Mme Faure-Lefebvre est enceinte, Mme Ugalde aussi; cela entrave beaucoup le répertoire, et surtout le mien. — Nous voici bientôt au 1er Janvier, c'est un vilain jour pour moi dans ce moment-ci.

Je t'embrasse, ainsi que tous.

Ton frère affectionné,

ALBERT.

Voici enfin la dernière lettre relative à l'infortuné *Joaillier*. Elle est du 5 Mai 1861 :

Mon cher Félix,

Deux mots pour te dire qu'à mon grand regret

il me sera impossible de quitter Paris dans ce moment-ci, même pour quarante-huit heures.

Voici pourquoi :

Montaubry, qui a deux mois de congé qu'il devait prendre à partir du 1er Juillet, les prend, de commun accord avec le directeur, le 1er Juin, pour être de retour le 1er Août, afin de pouvoir jouer *le Joaillier* dans les premiers jours de Septembre au lieu d'Octobre. — Or, comme j'ai depuis quinze jours eu à ajouter quatre morceaux à la pièce, et que Montaubry veut absolument que tout soit réglé, répété et su avant le 30 Mai, jour où il prend son congé, je suis dans ce moment-ci tellement absorbé et occupé que ce voyage d'Anvers pourrait me détourner les idées. — Je le regrette bien vivement, et je te prie de le dire à Juliette.

Les morceaux que j'ai eu à faire sont : un duo capital entre Montaubry et Couderc, au premier acte ; un duo capital entre Montaubry et Mlle Monrose, au second acte ; un chœur avec des variations pour Mlle Monrose sur l'air de Paisiello, *la Molinara*, et un petit rondo final pour la fin de la pièce.

J'ai maintenant à remanier le finale du second acte, où je veux faire un *bel andante* pour la situation, et j'espère le réussir aussi bien que les autres morceaux, qui sont *très*-bien venus et qui ont de la largeur et une belle conduite.

Ce travail, mon cher Félix, ajoute cent pour cent à la valeur et à l'importance de la pièce, qui est destinée, je crois, à un PLUS GRAND succès que *les Porcherons*. — C'est l'avis unanime au théâtre.

Mais cela va bien m'occuper pour que tout soit su et répété pour le 30 Mai, et il est essentiel qu'il en soit ainsi pour que le 1er Août nous puissions descendre au théâtre et mettre la pièce en scène.

C'est ce motif déterminant qui me force de rester à Paris, à mon grand regret.

Je vous embrasse tous, et je vous quitte pour aller prendre un bain, car je suis réellement extéténué de fatigue.

Ton frère affectionné,

ALBERT GRISAR.

Finalement, et en dépit de tous les obstacles qui avaient entravé sa marche, *le Joaillier* vit le jour, et fut représenté, comme il a été dit plus haut, le 17 Février 1862. La partition de cet ouvrage, malgré la tendresse que Grisar ressentait pour elle (tendresse qu'il prodiguait d'ailleurs, comme on le verra plus tard, à tous les enfants de son imagination), n'est pas une des meilleures qu'il ait écrites; elle se ressent, malgré tout, de son origine première, et constitue plutôt un recueil aimable de romances, de chansons et de couplets, qu'une œuvre dramatique dans l'acception rigoureuse du mot. On y rencontre cependant quelques morceaux bien venus, et deux ou trois pages de cette inspiration exquise qui n'a jamais fait complétement défaut à Grisar, même dans ses ouvrages les moins réussis. C'est ainsi que je signalerai, au premier acte, outre une romance très-expressive et d'un sentiment tendre : *Ils ont paré celle que j'aime*, outre un air de danse en forme de gigue, à la saveur très-accentuée, à l'allure originale et franche, un charmant quatuor, d'un style très-guilleret, d'un tour spirituel et fin, accompagné avec goût, et dans lequel les amateurs de science musicale appliquée au style dramatique trouveront un canon adroitement agencé. Le chœur féminin qui sert d'introduction au second acte, écrit sur un rhythme onduleux et caressant, est d'un caractère plein de grâce et de *morbidezza* ; ce même acte contient des variations sur le thème adorable de *la Molinara*, de Paisiello : *Nel cor più non mi sento,* qui pouraient, me semble-t-il, être mieux tracées pour la voix. Mais au troisième, qui renferme un air de ténor d'un style vulgaire et d'une facture assez difficile à comprendre, on rencontre deux véritables joyaux : les couplets de Tom Krick, *Il vous aurait donné sa vie,* et la romance attendrissante de Bernard, *Adieu, madame, adieu!* Les couplets de Tom, empreints d'un sentiment profond, sont d'un caractère mélancolique et touchant : ils existaient dans la partition de *Lady Melvil,* car on les redemandait chaque soir à Féréol ; mais M. Sainte-Foy y obtint plus de succès encore à la première représentation du *Joaillier de Saint-James*, et les chanta avec tant d'âme et de chaleur, avec une expression si vive, que le public, charmé, voulut les entendre non pas seulement deux, mais trois fois ; c'est un des plus beaux succès de larmes que j'aie jamais vu remporter par un comique. Quant à la romance de Bernard, qui exprime la passion la plus désolée et la plus intense, elle se compose de douze mesures seulement, et l'on conçoit difficilement comment le compositeur a pu atteindre une émotion aussi poignante avec une cantilène d'une forme aussi simple et d'aussi minces développements. C'était là, du reste, une des qualités (qualité bien rare pourtant, surtout en musique) particulières à Grisar : il savait *faire court* — et complet.

En somme, *le Joaillier de Saint-James* n'eut guère plus de succès que *Lady Melvil*, et son existence, autant que je me rappelle, ne se prolongea pas au delà d'une trentaine de représentations. Peut-être méritait-il mieux, et cependant on ne peut pas dire non plus que le public se soit montré injuste à son égard. Les œuvres dramatiques, surtout celles qui empruntent à la musique son concours étroit et dévoué, sont soumises, en dehors même de leur valeur artistique, à certaines conditons particulières, difficiles à expliquer et à définir, mais dont le public a conscience sans s'en douter, et auxquelles elles ne peuvent se soustraire sous peine de ne pas trouver grâce devant ce public. Or, que ce fût directement par la faute des auteurs du poëme, ou que ce fût plutôt (et je le crois) par le fait des entraves qui avaient été d'abord apportées à leur marche, ces conditions ne se trouvaient observées ni remplies dans *Lady Melvil*. Le musicien, sans créer assurément un chef-d'œuvre, avait, à tout prendre, fait preuve de talent ; mais en eût-il dépensé dix fois davantage, il faut reconnaître que la nature même de l'ouvrage, la façon dont il avait été primitivement conçu, ne le destinaient pas à être heureux à la scène.

Il n'en était pas de même de *la Chatte merveilleuse*, dernier ouvrage important donné par Grisar au théâtre, et dont il s'occupait, on l'a vu, concurremment avec le précédent. Aussi le succès de cette œuvre distinguée, qui fit son apparition au Théâtre-Lyrique le 18 Mars 1862, juste un mois après la représentation du *Joaillier* à l'Opéra-Comique, fut-il beaucoup plus accentué, et justifia-t-il toutes les prévisions du compositeur.

Chacun connaît les vers de La Fontaine :

Un homme chérissait éperdûment sa chatte ;
Il la trouvait mignonne, et belle, et délicate,
Qui miaulait d'un ton fort doux :
Il était plus fou que les fous.
Cet homme donc, par prières, par larmes,
Par sortiléges et par charmes,
Fait tant qu'il obtient du Destin
Que sa chatte, en un beau matin,
Devient femme ; et, le matin même,
Maître sot en fait sa moitié.
. . . .

De ce thème, tracé par le bonhomme, Scribe avait tiré, en compagnie de Mélesville, un vaudeville en un acte que le théâtre de Madame (*alias*, le Gymnase dramatique) présenta au public, sous le titre même de la fable : *la Chatte métamorphosée en femme*, en l'an de grâce et de Charte constitutionnelle 1827. A l'aide de quelques remaniements, le vaudeville, transformé plus tard en opérette, avec accompagnement musical de M. Offenbach, avait été reproduit aux Bouffes-Parisiens en 1858. Plus ingénieux — ou plus diserts — que Scribe et Mélesville, MM. Dumanoir et d'Ennery s'avisèrent un jour de combiner les éléments de l'apologue de La Fontaine avec ceux de l'un des contes les plus charmants de Perrault : *le Chat botté*. De cette combinaison résulta le livret bon enfant, amusant et gai, avec une pointe de tendresse, d'un opéra-comique en trois actes et neuf tableaux, qu'ils intitulèrent *la Chatte merveilleuse*, et dont ils confièrent à Grisar le soin d'écrire la musique.

C'est donc à l'union on ne peut mieux assortie d'un apologue et d'un conte de fées, que la muse fertile de Grisar devait prêter cette fois l'appui de sa grâce toujours juvénile et de sa suprême élégance. Se peut-il plus attirant sujet pour un artiste sans prétentions exagérées, dont l'unique ambition est de caresser l'oreille par des rhythmes flatteurs, d'exciter la rêverie par des mélodies vaporeuses, et de provoquer parfois l'émotion à l'aide d'une inspiration venue du fond de l'âme ?

N'est-ce pas d'ailleurs un monde charmant que ce monde des conteurs et des fabulistes, ce monde singulier, si différent du nôtre, où le malheur n'est que passager, et où tout finit toujours au souhait de ceux qui l'habitent? N'est-ce pas un pays enchanteur que ce pays de la féerie et des songes d'or, où règne en souveraine la blonde Fantaisie, fille aimable de la Grâce et du Caprice, et où l'on voit défiler tour à tour le prince Charmant, la fée Gracieuse, l'Ogre aux bottes de sept lieues, le marquis de Carabas, et Trilby, et Cendrillon, et Peau-d'Ane, et l'Oiseau bleu, et la Fée aux miettes, et la Belle au bois Dormant?... N'est-ce pas une aimable contrée, en vérité, que celle où le ciel est toujours pur, où l'onde est toujours calme, où les arbres sont toujours verts, les fruits savoureux, les fleurs parfumées, les femmes jolies, les hommes honnêtes, les dieux serviables; où l'on entend chanter au loin les grillons, murmurer les ruisseaux, soupirer les zéphirs, babiller les oiseaux; cette contrée où l'on voit voler les sylphes, courir les lutins, danser les gnômes, briller les feux follets? N'est-ce pas enfin une terre d'élection que cette terre de la jeunesse éternelle, des amours constantes, des palais magiques, des forêts enchantées, des baguettes toutes-puissantes, des pantoufles de verre, des citrouilles soumises, des chats bien élevés, des loups spirituels et des fillettes naïves ? Tout cela n'est-il pas bien fait pour tenter un poëte, un rêveur — ou un musicien, ce qui est tout un — et cette fantasmagorie légère, qui passe devant ses yeux ravis en lui rappelant les beaux jours de son enfance, moments envolés sans retour, n'est-elle pas vraiment de nature à provoquer son imagination, et à faire éclore des chants aimables, faciles, doucement émus, conçus sans fatigue et de même entendus ?

Aussi est-ce par la facilité, par la grâce, par l'enjouement, par une émotion contenue, que brille la musique de *la Chatte merveilleuse*. « Elle est simple, a dit un critique, naturellement écrite, vive, fine, spirituelle, digne de l'auteur de *l'Eau merveilleuse*, de *Gilles ravisseur* et des *Porcherons*. M. Grisar était là sur son terrain. Les situations fortes, les grands sentiments, les passions violentes ne lui vont pas. Demandez-lui de la verve comique, de la gaieté, de la grâce, et vous serez servi à souhait! Il y a parfois de la faiblesse dans le premier acte, mais les deux derniers sont charmants. Cela est plein d'idées, toujours chantant, fort bien écrit pour les voix, et les détails piquants abondent à l'orchestre, qui est riche sans luxe inutile, et qui ne fait jamais de bruit. On y entend tout, on y comprend tout sans effort et sans fatigue. »

Je suis vraiment embarrassé pour parler comme je le voudrais de la partition de *la Chatte merveilleuse,* car, même en mettant à part la veine mélodique très-abondante et les qualités de facture qui la caractérisent, il me semble qu'au point de vue du charme, du sentiment et de la tendresse, on a écrit depuis vingt ans peu d'ouvrages de cette valeur. Ce n'est pas par une couleur particulière, comme dans *Gilles,* par un style voulu et d'une grande unité, comme dans *le Chien du Jardinier,* par une certaine élévation de pensée, comme dans *les Porcherons*, que Grisar s'est distingué cette fois, mais par l'ensemble assurément remarquable des qualités énumérées plus haut, qualités qui sont comme l'essence de notre opéra-comique, et que l'on rencontre rarement poussées à un pareil degré.

On trouve dans *la Chatte merveilleuse* plusieurs chœurs de caractères très-différents, et tous également réussis : au premier acte, celui des fées, *Chantons, mes sœurs*, avec son joli accompagnement de harpe; au second, celui des moissonneurs, franc du collier, bien rhythmé, d'une bonne harmonie et d'une sonorité vigoureuse; au troisième, celui du printemps :

Le printemps
N'a qu'un temps,
Et l'amour
N'a qu'un jour.
Jouissons
Et dansons
Aux doux sons
Des chansons.

chanté dans la coulisse, où il est accompagné par un petit orchestre, celui-ci, par son style vaporeux et doux, rappelle la manière de Boieldieu.

Parmi les morceaux d'ensemble on peut distinguer, outre le trio du premier acte, qui est construit de main de maître, dont la mélodie est à la fois abondante et fine, et que sa strette syllabique termine d'une façon si piquante, les deux duos d'Alison et de Babolein, écrits tous deux en style d'imitation, d'un effet comique parfait, et dignes l'un et l'autre des meilleurs jours de Grétry. On ne doit pas oublier non plus le duo chanté au troisième acte par Féline et Urbain, alors que Féline veut cesser d'être femme et reprendre sa forme première pour faire le bonheur de son maître, tandis que celui-ci lui exprime son désespoir et lui jure qu'il l'aime plus que la vie; il y a là des accents de tendresse et de passion qui vont droit au cœur. Enfin il faut citer encore la ronde à deux voix : *Jeune fille qui viens des champs*, si joliment accompagnée par le chœur, et qui, avec son dessin familier et plein de franchise, son rhythme agreste, son tour ingénieux, est un des meilleurs morceaux de l'ouvrage ; puis l'ensemble, d'un effet à la fois si comique et si gracieux, qui se chante pendant que se déroulent sur le théâtre les riches domaines du marquis de Carabas. Tout cela est vraiment original, et fin, et distingué.

Pour compléter cette énumération rapide, il me faut signaler encore les couplets d'Urbain : *Travaille, moissonneur, travaille*, dont le refrain est si solidement rhythmé ; la romance touchante : *Tout cet éclat qui m'en-*

vironne, dite par lui au troisième acte, et à laquelle son accompagnement obstiné donne une saveur étrange ; la chanson du Chat botté, toute guillerette, toute crâne et toute pimpante, et l'air que Féline chante au premier acte, qui contient des passages adorables et dont la terminaison en duo est exquise.

Pour résumer en peu de mots mon impression sur *la Chatte merveilleuse*, je dirai que ce n'est certainement pas là une œuvre de haute portée, destinée à reculer les bornes de l'art, à lui ouvrir des horizons nouveaux ; elle pèche d'ailleurs par le plan général, par l'unité de procédé ou de conception, et il est facile de voir que l'auteur s'y est plus inspiré des situations particulières qu'il avait à traiter que du fond même du sujet. Mais je dirai aussi que c'est un ouvrage aimable et distingué, qui n'affiche ni prétentions ni visées ambitieuses, que c'est une production pleine de jeunesse, de grâce et de fantaisie, dans laquelle Grisar n'a cherché, je pense, à prouver quoi que ce soit, où il n'a tenté de résoudre aucun problème politique, philosophique ou métaphysique, où il s'est contenté de chanter pour chanter, comme le rossignol, où enfin il a su mettre un peu de son âme et de son cœur. En quoi il ne s'est pas trompé, puisqu'il a réussi à plaire toujours, souvent à charmer, parfois à attendrir.

A partir de *la Chatte merveilleuse*, on peut presque dire que la carrière active de Grisar est terminée : il fit bien encore représenter deux petits ouvrages dont je vais avoir à parler tout à l'heure, mais il fut dès lors à peu près perdu pour l'art. En proie à des soucis trop réels et que sa prudence n'avait pas su s'épargner, assailli par des chagrins dont je ne me reconnais pas le droit de révéler la cause et que l'affection constante et dévouée des siens restait impuissante à calmer, il devenait chaque jour plus ombrageux, plus lunatique, plus fantasque encore que par le passé. Son caractère, jadis enjoué et expansif, mais qu'une maladie douloureuse, dont les traces étaient restées profondes, avait déjà porté au caprice et à la misanthropie, s'assombrissait et se concentrait de plus en plus, sa nature si droite, si franche et si loyale devenait méfiante et soucieuse. D'ailleurs, il n'osait plus compter sur les autres et personne ne pouvait plus compter sur lui, car il avait manqué à divers engagements envers les directeurs de théâtre et envers ses collaborateurs, en ne livrant pas à l'époque fixée les partitions qu'il s'était engagé à écrire, et on le voyait commencer tour à tour une foule d'ouvrages qu'il abandonnait ensuite, au gré de son caprice, avec la même rapidité. Il n'avait plus de goût réel au travail, et ne croyait plus sincèrement au succès, bien qu'il cherchât à se tromper lui-même par des illusions qui ne pouvaient aboutir qu'à autant de déceptions ; ses efforts étaient plus nombreux qu'efficaces, il s'agitait plus qu'il n'agissait ; il ne retrouvait plus en lui ce feu qui doit brûler incessamment l'artiste et qui entretient son inspiration, comme la chaleur du soleil entretient la fécondité de la terre ; il avait perdu la foi, l'ardeur et l'enthousiasme de ses jeunes années ; enfin il était attristé, las et découragé avant l'heure, et sans qu'il y eût pour cela, aux yeux de ceux qui ne le connaissaient pas intimement, de raison déterminante.

Il parvint cependant, avec grand'peine, à achever quelques-uns des nombreux ouvrages qu'il avait mis successivement en train depuis une quinzaine d'années, mais il ne put réussir à en faire représenter que deux : *Bégaiements d'amour* et les *Douze Innocentes* ; encore ceux-ci étaient-ils les moins importants. Le premier est cependant un petit acte charmant, digne en tous points de sa plume fine, spirituelle et élégante, et dans lequel il n'a point failli à son talent habituel. Mais avant de parler plus au long de cette bluette, j'en vais faire connaître les destinées, qui sont assez singulières pour être racontées.

Le poëme de *Bégaiements d'amour*, dont les auteurs étaient MM. Charles Deulin et Émile de Najac, avait été reçu d'abord aux Bouffes-Parisiens et mis en musique par M. Léo Delibes. Les deux rôles en avaient même été confiés à Mlle Tautin et à M. Désiré, et les études en furent poussées assez loin. Mais l'apparition de cette petite pièce ayant subi divers retards successifs, pendant lesquels l'Opéra avait représenté un ballet dont la musique était précisément l'œuvre de

M. Delibes, ce compositeur ne se soucia plus de reparaître sur la scène modeste qui avait été le lieu de ses premiers exploits. Ce fut alors que Grisar, ayant eu connaissance de *Bégaiements d'amour*, se chargea d'en écrire à nouveau la partition et de faire recevoir l'ouvrage à l'Opéra-Comique, désirant avoir pour principale interprète Mme Faure (Mlle Lefebvre), qui l'avait si bien secondé dans *le Chien du Jardinier*. La partition était terminée en effet, le livret avait été lu et accepté, lorsqu'un nouvel incident vint compliquer l'affaire et tout remettre en question : au moment d'entrer en répétitions, Mme Faure quittait tout à coup l'Opéra-Comique, et d'un bond s'en allait prendre gîte au Théâtre-Lyrique. Qu'allait-il advenir devant ce coup imprévu, qui venait arrêter encore une fois l'éclosion d'une œuvre prête à voir le jour ? Une chose bien simple : auteurs et compositeur, livret et partition s'en allèrent de compagnie, les uns portant les autres, firent tranquillement cortége à l'actrice fugitive, et émigrèrent ensemble de la rue Favart au boulevard du Temple.

Cette fois, *Bégaiements d'amour* en étaient à leur dernière étape. M. Carvalho les reçut très-cordialement, et ils furent joués enfin au Théâtre-Lyrique, le 8 Décembre 1864, par Mme Faure-Lefebvre et M. Fromant. C'était un marivaudage musical charmant que cette petite partition : spirituelle sans recherche, élégante sans prétention, pleine d'enjouement, de finesse, de gaieté et d'entrain, elle reproduisait toutes les qualités qui faisaient de Grisar un musicien parfait, accompli, lorsqu'il s'attaquait à ces sujets délicats et mignons, où sa légèreté de touche, sa souplesse de main faisaient merveille sans qu'il tombât jamais dans la préciosité, et où il savait garder exactement la mesure sans même cotoyer l'exagération dans un sens ou dans l'autre. On dirait vraiment que dans cette interprétation musicale d'un texte léger et papillottant, Grisar avait pris pour devise ce vers de Mme Deshoulières :

Glissez, mortels, n'appuyez pas.

tellement il y apportait de réserve, de tact

et de convenance, tellement enfin son goût s'y montrait infaillible.

Et pourtant, il faut le dire, l'ouvrage n'obtint pas tout le succès auquel il avait droit. Non qu'il fût mal accueilli, — tant s'en faut. Mais on ne sut pas l'apprécier à sa valeur, et cela parce qu'il n'était point dans son cadre, dans son élément. La question du milieu dans lequel elles doivent se mouvoir est une question fort importante pour les œuvres d'art, aussi bien que celle du voisinage qu'on leur peut donner. Imprimez un Horace ou un Tibulle en in-quarto ou en in-folio, placez un Boucher ou un Chardin entre deux Velasquez, transportez le Parthénon au milieu des montagnes de la Suisse ou de la Scandinavie, et vous ferez perdre aussitôt à ces œuvres exquises la plus grande partie de leur saveur, de ce qui constitue leur charme particulier. — Or, *Bégaiements d'amour* n'étaient pas dans leur cadre naturel au Théâtre-Lyrique, où le public s'était accoutumé à entendre les accents grandioses et passionnés de Gluck, de Mozart et de Weber. Ce qu'il eût fallu à cet élégant papotage musical, c'était la scène relativement mignonne de l'Opéra-Comique, en vue de laquelle il avait été primitivement conçu, et qui d'ailleurs, depuis plus d'un siècle, est l'asile ordinaire de ces productions tempérées, de ces espèces de badinages musicaux, dont la grâce et l'esprit sont les qualités dominantes, et dans lesquels la tendresse et une sorte de sentimentalisme coquet tiennent lieu de la vigueur et de la passion qui sont l'essence des conceptions fortes et des œuvres héroïques (1).

---

(1) — Je ne crois pas me tromper sur la cause que j'attribue à l'accueil relativement froid que reçurent *Bégaiements d'amour*, et il me semble qu'un autre fait vient me donner raison. Lorsque Mme Faure eut pris son rang dans le personnel du Théâtre-Lyrique, M. Carvalho monta à son intention *l'Épreuve villageoise,* dont la reprise avait été l'un des plus grands succès de cette artiste à l'Opéra-Comique. Eh bien, cette transplantation fit perdre au petit chef-d'œuvre la plus grande partie de son charme, de ses qualités exquises, et le public ne parut pas plus comprendre la gentillesse, la tendresse émue du dialogue de Desforges, que la franchise, la verdeur et la bonhomie charmante de la musique de Grétry. La toile était comme écrasée par le cadre, et les couleurs en sem-

Grisar aborda une dernière fois la scène avec une bluette sans grande conséquence, *les Douze Innocentes*, qu'il avait écrite sur un livret de M. de Najac, et qui fut donnée aux Bouffes-Parisiens le 19 Octobre 1863. La vie et la carrière de l'auteur de *Gilles* se terminèrent donc comme la vie et la carrière d'un autre musicien charmant, de l'auteur du *Châlet*, Adolphe Adam, auquel on n'a pas rendu encore toute la justice qui lui est due, et devant qui la critique sera bien obligée de faire un jour amende honorable, sauf à établir en plus d'un point des réserves importantes. Comme Adam, Grisar mourut subitement, jeune encore et encore fort éloigné d'avoir épuisé sa verve et ses facultés ; comme lui aussi, il donna son dernier ouvrage sur cette scène habituée aux pasquinades et aux

---

blaient effacées. L'artiste elle-même paraissait se mouvoir au milieu d'éléments qui lui étaient étrangers, et les finesses de son jeu mignon, délicat et nuancé, ne dépassaient point la rampe et perdaient tout leur effet. Aussi Mme Faure ne demeura-t-elle pas longtemps au Théâtre-Lyrique, et prit-elle bientôt le parti de quitter définitivement la scène.

lazzis d'un groupe d'acteurs étranges, qui, ne se piquant point d'un goût épuré et discret, poussaient hardiment la fantaisie jusqu'aux limites où celle-ci fait place à la folie la plus désordonnée et la plus intense (1).

Un tel entourage n'était point fait pour convenir à la muse souriante, élégante et pimpante de Grisar; d'autre part, le livret qui lui avait servi de texte rentrait dans la catégorie des pièces dites « à femmes », et la

(1) — Le 29 Avril 1856, quatre jours seulement avant sa mort foudroyante, qui arriva le 3 Mai, Adam avait donné aux Bouffes-Parisiens un petit acte adorable, *les Pantins de Violette*, qui restera l'une des manifestations les plus charmantes de son talent aimable, fin et primesautier. Mais il parait qu'Adam avait conservé quelques préjugés, car il ne voulut point consentir à signer cette œuvre légère, et à laisser paraître son nom sur l'affiche du petit théâtre pour lequel il n'avait point dédaigné de travailler. Grisar eut moins de dignité ou moins de faiblesse : il ne voulut point masquer son nom derrière trois étoiles dont la transparence, d'ailleurs, ne laissait rien d'impénétrable pour personne, et ne se crut point déshonoré en se montrant, sur une scène très-secondaire, avec un ouvrage auquel il n'en avait pas moins apporté sa conscience et son soin habituels.

distinction n'en était point le péché mignon. Il y avait disparate complète entre l'inspiration du compositeur (très-fine encore, cette fois, et pleine de coquetterie), et les vulgarités du livret et de l'interprétation. Ces dernières ne provoquèrent que l'indifférence du public, et malheureusement la partition fut enveloppée dans la demi-disgrâce qui atteignit le poëme (!). Je ne veux pas dire par là que la musique des *Douze Innocentes* pût être mise en parallèle avec les petits chefs-d'œuvre de son auteur, car tel n'est point mon avis; mais, à tout prendre, elle n'est point indigne de lui, et j'en pourrais citer plus d'un morceau d'un esprit très-fin, d'une mélodie alerte, d'un comique franc et de bon aloi.

VIII

J'ai dit que lorsque Grisar faisait représenter au Théâtre-Lyrique et aux Bouffes-Parisiens *Bégaiements d'amour* et les *Douze Innocentes*, il avait sur le métier plusieurs autres ouvrages plus ou moins importants. Ces ouvrages étaient de différents caractères, et voici la liste qui en a été publiée après sa mort :

1° — *Riquet à la houppe*, opéra-comique en trois actes, en vers, avec prologue, paroles de M. Th. Sauvage;

2° — *Rigolo*, opéra-comique en un acte, paroles de M. Pellier;

3° — *L'Oncle Salomon*, opéra-comique en trois actes, paroles de M. Émile de Najac ;

4° — *Les Contes bleus*, opéra-comique en trois actes, paroles de MM. Lockroy et Cogniard ;

5° — *Afraja*, opéra sérieux en trois actes, paroles de M. Émile de Najac ;

6° — *Le Parapluie enchanté*, opéra-féerie en trois actes et neuf tableaux, paroles de MM. Charles Deulin et Émile de Najac ;

7° — *Le Mariage forcé*, de Molière, que Grisar avait fait transformer par un de ses amis en opéra-bouffe, et sur lequel, dit-on, il avait écrit une de ses partitions les plus verveuses.

Cette liste n'est pas absolument exacte ; à tout le moins est-elle incomplète, et je vais pouvoir la rectifier à l'aide de renseignements puisés dans la correspondance même de Grisar, à laquelle je vais faire encore quelques emprunts qui seront loin de manquer d'intérêt.

Tout d'abord, je dois dire que j'ai trouvé dans les lettres de Grisar la trace de deux ouvrages qui ne sont pas signalés dans la liste qui précède. L'un, dont les paroles avaient été écrites par M. Lockroy, était en deux actes et avait pour titre : *l'Ane et le Prince*; l'autre, intitulé *la Reine Mab*, était destiné au Théâtre-Lyrique, mais je n'ai pu découvrir quel était l'auteur du poëme de ce dernier. D'autre part, je dois constater que je n'ai trouvé dans ces lettres aucune mention de trois des opéras cités plus haut : *l'Oncle Salomon, les Contes bleus* et *le Mariage forcé ;* je ne conteste nullement l'existence, au moins partielle, des trois partitions en question, car je sais que la liste qui en reproduit les titres a été dressée à la suite de l'examen des manuscrits trouvés dans la succession du compositeur; je me borne à déclarer que je n'en ai pas eu personnellement connaissance.

Tâchons de procéder par ordre, s'il est possible, et commençons par *Riquet à la houppe*, le premier en date des ouvrages laissés par Grisar en portefeuille (1). On a vu

(1) — Je ne dois pas oublier de mentionner ici un ouvrage que Grisar avait entrepris à l'époque de ses

précédemment, par les lignes que M. Sauvage a consacrées à son collaborateur, que cet ouvrage était en train depuis près de vingt ans, puisqu'il avait été commencé immédiatement après la brillante apparition des *Porcherons;* on m'a signalé plusieurs morceaux de cette partition, particulière-

---

débuts à Paris, et qu'il n'acheva point, par suite de circonstances indépendantes de sa volonté. Voici les détails très-précis publiés à ce sujet par M. de Forges, dans une lettre intéressante adressée par lui au *Ménestrel :*

« ...Vers 1836 ou 1837, Grisar nous avait demandé, à de Leuven et à moi, une pièce populaire pour l'Opéra-Comique, et nous lui avions fait deux actes intitulés: *Manon Giroux.*

« L'ouvrage n'ayant pas été agréé par M. Crosnier, alors directeur, fut abandonné par Grisar, qui, bientôt après, partit pour l'Italie, où il ne devait faire qu'une excursion de quelques semaines, et où, par parenthèse, il resta dix ans.

« *Manon Giroux,* transformée en vaudeville, fut jouée au théâtre du Palais-Royal, en 1839.

« Environ quinze ans après, la même donnée, revue, remaniée, augmentée d'un acte, sous le titre du *Bijou perdu,* et mise en musique par Adolphe Adam, servait de début à Mme Marie Cabel, à qui la ronde des *Fraises* valut un si éclatant succès.

« A peu près à la même époque, Grisar, déjà de

ment une mélodie, « la romance de la Rose, » comme merveilleusement réussis. Nous allons voir, par des extraits de ses lettres, ce qu'en pensait Grisar lui-même.

Il s'occupait activement de cette pièce au moment même où il se préparait à faire jouer *le Joaillier de Saint-James*, car voici ce qu'il écrivait d'Asnières à la date du 30 Juin 1858 :

Mon cher Félix,

Si je n'ai pas répondu plus tôt à ta bonne lettre du 3 Juin, c'est que je me sentais fatigué de mes

---

retour en France depuis quelque temps, et en quête de poëmes d'opéra-comique, m'écrivait :

« Mon cher de Forges,

« Dis-moi donc si nous ne pourrions pas utiliser notre « ancienne pièce de *Manon Giroux*, que Leuven et toi avez « pris le parti de faire jouer je ne sais où, après les difficultés « soulevées par Crosnier? Faites-moi donc le plaisir d'en dire « un mot à Leuven, et, si tu le juges convenable, à Séveste « (alors directeur du Théâtre-Lyrique).

« A toi de cœur. — Ton vieil ami, « A. GRISAR. »

« Hélas! le pauvre Grisar venait trop tard. L'ouvrage fait primitivement pour lui et auquel il avait renoncé, c'était un autre qui, par des circonstances tout-à-fait indépendantes de notre volonté, en avait eu la gloire et le profit. Ainsi va le monde. *Sic vos non vobis*. »

répétitions du *Joaillier* (anciennement *Lady Melvil*), qui nécessitent de fréquents voyages à Paris par le soleil qu'il fait, et quelques changements que j'ai dû faire à la musique pour contenter la prima donna et quelques autres artistes. — Ces répétitions sont venues mal à propos interrompre mon travail de *Riquet à la houppe*, car, outre le retard que cela occasionnera à cette dernière pièce, à laquelle je travaillais *dans mon calme* et avec amour, je me ressens de la fatigue de ces fréquents déplacements, qui ont presque toujours lieu dans le plus fort de la chaleur, attendu qu'on répète ordinairement à une heure et que le matin est employé à mettre tout cela en ordre pour les changements promis. Ce qui me console, c'est que je me suis arrangé assez avantageusement avec le successeur de Meissonnier, à qui appartenait *Lady Melvil*, et qui a trouvé juste de rétribuer mon nouveau travail fait et pour lequel il nous donnera (entre nous) 60 fr. par représentation pendant 18 mois, à partir du jour de la première représentation. — Tu vois donc que si la pièce se joue souvent, comme je l'espère, cela pourra me rétribuer de mes peines....

Voilà quelque temps que je n'ai vu ma tante Duhring, à cause de la fatigue que j'éprouve. — Ce n'est pas de faire de la musique qui me fatigue, mais bien de causer et de rire avec l'un ou l'autre au théâtre. — Cela m'agite.

Je crois que nous pourrons être représentés fin Août ou commencement de Septembre. Tu pourras donc, à moins de circonstances imprévues, assister à la première représentation.

Je t'embrasse, ainsi que maman, et toute la famille.

Ton affectionné frère,

ALBERT.

Cinq mois après, le 30 Octobre, Grisar écrivait de nouveau à son frère, en lui donnant des détails sur *Riquet* et plusieurs ouvrages qu'il avait sur le métier :

. . . .

J'ai dû interrompre hier ma lettre à cause de la visite de Lauzanne, qui venait encore me harceler pour ma petite pièce (1). Il a finalement fini par comprendre mes raisons et celles de Roqueplan (que j'ai vu plusieurs fois depuis ton départ et avec lequel mes rapports sont de nouveau excel-

(1) — Il s'agit ici du *Voyage autour de ma chambre.*

lents). Ces raisons sont qu'il faut attendre que Couderc soit débarrassé de sa pièce en trois actes pour pouvoir répéter avec fruit la nôtre. — Nous sommes donc tombés d'accord que j'allais me mettre à instrumenter la pièce, afin qu'elle soit entièrement terminée lorsque nous commencerons les répétitions. Je suis à l'ouverture, pour laquelle j'ai trouvé ce que je cherchais, et qui sera, à ce que je pense, un morceau parfait, auquel il n'y aura ni une note de trop, ni une note de trop peu. — *Le Joaillier* viendra plus tard, et je désire terminer vivement l'orchestration de ma petite pièce pour me remettre à *Riquet à la houppe;* c'est là une pièce, je crois, qui consacrera tout à fait ma réputation.

Je suis heureux d'être rendu à mes habitudes et de me retrouver dans ma sphère théâtrale; je m'en trouve à merveille et cela aura de très-bons résultats.— On s'occupe déjà à l'Opéra-Comique de remettre au répertoire *Bonsoir, monsieur Pantalon.* — Je n'en serai pas fâché.

Voilà, mon cher Félix, les nouvelles. Elles ne sont pas mauvaises, comme tu vois, et si d'ici à un mois ou six semaines je puis te rembourser les sommes que tu m'as offertes généreusement et avec tant de cœur, je n'aurai rien à désirer, car je ne me suis jamais senti si disposé au travail; et si, ce que je ne présume pas, j'éprouvais un nouveau retard à m'acquitter avec toi (ce retard, dans tous les cas, n'aurait rien d'inquiétant pour moi), je pourrais très-bien te faire devant G... la cession de la moitié des droits d'auteur des pièces suivantes, jusqu'à concurrence de ce que je te devrais :

Voyage autour de ma chambre,

Le Joaillier,

Riquet à la houppe,

L'Ane et le Prince (cette pièce sera prodigieuse de comique),

La Reine Mab (Théâtre-Lyrique).

Mais je ne pense pas que cela sera nécessaire.

. . . .

Le 10 Novembre suivant, nouvelle lettre, extrêmement curieuse, dans laquelle, après avoir parlé de la longue maladie qui pendant un certain temps le tint éloigné de la scène, Grisar donne des détails vraiment intéressants sur les procédés d'administration par lesquels se distinguait la direction de l'Opéra-Comique :

Mon cher Félix,

..... J'ai appris hier soir au théâtre que Mlle

Lhéritier apprenait le rôle de *l'Eau merveilleuse*, qui serait jouée incessamment par Barielle, qui a une voix de basse magnifique et qui depuis six semaines sait le rôle de Tartaglia.— Je pense que cela sera une bonne reprise. On a aussi fait apprendre *Pantalon* à une débutante nommée, si je ne me trompe, Mlle Crost ou Prost, ce qui permettra également de reprendre cet opéra, ainsi que me l'avait promis l'administration. — Enfin je suis au mieux avec Roqueplan ; je ne te parle pas des acteurs et des autres employés qui, depuis le dernier garçon lampiste, me portent tous dans leur cœur. — Je suis donc heureux à ce sujet, et la question d'avenir n'a rien d'inquiétant, bien au contraire ; et si tu étais près de moi à Paris, et si tu voyais à quel point je serais disposé au travail sans les diables d'ennuis de K..., tu comprendrais que j'ai raison de te dire que tu t'exagères singulièrement les embarras de ma position actuelle et momentanée.

Ainsi donc, j'ai une pièce en trois actes (1) toute prête à être jouée et pour laquelle l'éditeur me donne, pour ma part seule, 40 fr. par représenta-

(1) — *Le Joaillier de Saint-James*, dont, on l'a vu précédemment, divers retards successifs reculèrent l'apparition de plusieurs années.

tion pendant 18 mois; — un opéra en un acte (1) qui sera joué peut-être aussi souvent que *les Rendez-vous bourgeois;* — un opéra en trois actes (*Riquet*), qui sera une de mes meilleures partitions comme touche et comme sentiment, et que je m'engagerais très-bien à avoir entièrement terminé pour le mois de Mars si le théâtre le désire, puisque d'après ce que je t'en ai joué, tu as pu te rendre compte du peu qui me restait à faire; — un opéra en deux actes pour l'Opéra-Comique ou le Théâtre-Lyrique (2), puisque Carvalho m'a fait des bassesses pour l'avoir; — un opéra en trois actes (3) pour Mme Miolan-Carvalho (Théâtre-Lyrique).

Tranquillise-toi donc, mon cher Félix, et comprends bien qu'une *maladie de deux ans* coûte de l'argent à Paris comme partout; que si j'avais su, en tombant malade, que ma maladie se prolongerait *deux années*, je me serais arrangé différemment et que dans ce cas je n'aurais pas dépensé ce que j'ai dépensé. Mais, mon cher Félix, ce sont des raisonnements qu'on fait après la guérison et

(1)—*Le Voyage autour de ma chambre.*

(2)—Sans doute *l'Ane et le Prince.*

(3)—Probablement *Afraja*, dont il sera question plus loin.

non pendant une maladie nerveuse, de laquelle on espère être débarrassé de mois en mois. — Le malheur, c'est qu'on n'ait pas joué *le Joaillier* et *le Voyage autour de ma Chambre*, ce qui, toutes dettes payées, m'aurait encore donné 10,000 fr. de bénéfices, et la famille et moi n'aurions pas eu d'ennuis. C'est du guignon...

Voici, mon cher Félix, comment j'ai été mis au courant des circonstances qui ont empêché *le Joaillier* d'être joué. — Il y a quelques soirs, à l'Opéra-Comique, Roqueplan me fait appeler; il était avec son secrétaire, qui est mon ami. Ils me parlent de suite de la pièce de Duvert (c'était le surlendemain du four de leur pièce nouvelle), où j'en étais de mon instrumentation, et si je pourrais donner de suite à la copie. Je leur ai de suite répondu que c'était une pièce à soigner par moi, et que j'avais une certaine préoccupation de rentrer à l'Opéra-Comique par une pièce en un acte, mais qu'enfin je n'avais rien à leur refuser et que je consentais à leur livrer la pièce, que j'instrumenterais pendant les répétitions, etc., etc. Eux enchantés, et me disant : « et puis, mon cher Grisar, le théâtre reconnaîtra ce que vous faites pour lui, reprise de *Pantalon*, de *l'Eau merveilleuse*, etc., etc. » — Je vais me coucher par là-dessus, en me disant : « En somme, ce sera toujours quelque argent que je vais gagner pour patienter, etc., etc. » — Le lendemain, à 4 heures du matin, j'étais éveillé et je me suis mis à réfléchir à la conversation de la veille. J'avais vu à leurs instances qu'ils avaient absolument (vu leur four) besoin de nouveauté et je me dis : mais *le Joaillier* ferait encore bien mieux l'affaire du théâtre, et puisque Faure joue dans la pièce de Meyerbeer, je le remplacerai par Stockhausen, qui chante admirablement bien aussi. — Et comme Couderc joue dans *les Trois Nicolas*, je le remplacerai par Lemaire, qui est fort comique, et comme cela on pourra jouer en temps et lieu la pièce de Duvert avec *le Joaillier*, ce qui serait pour moi une excellente affaire, et ce qui n'aurait jamais pu avoir lieu si Couderc avait joué dans *le Joaillier*, à cause de la fatigue qu'il éprouverait à jouer dans la même soirée *le Joaillier* et *le Voyage*. — Cette combinaison était excellente. J'attends donc 9 heures et je vole chez Roqueplan, qui était sorti et qui ne devait rentrer qu'à 2 heures ; mais son domestique me dit qu'il serait au théâtre à 3 heures. — A midi je vais au théâtre pour parler de mon projet au secrétaire de Roqueplan, et là j'apprends que, *par traité avec Meyerbeer, les Trois Nicolas* doivent être joués au plus tard le 30 Novembre, attendu que le 1er Décembre le théâtre doit appartenir exclusivement aux répétitions de Meyerbeer. Et comme *les Trois Nicolas* auraient encore besoin de six semaines de répétitions, on répète tous les jours de 11 heures du matin jusqu'à 4 et même 5 heures, ce qui empêche *toute autre répétition.* — Le traité dit que si le 30 Novembre *les Trois Nicolas* ne sont pas joués, ils seront remis à plus tard, et dans le même traité il est stipulé que M. Roqueplan s'interdit de jouer *aucune pièce nouvelle* qui nécessitera plus de deux répétitions générales d'orchestre, et comme un opéra nouveau a besoin au moins de 3 ou 4 de ces répétitions, bonsoir! Et pour complaire à Meyerbeer, le théâtre va rester un mois ou deux sans faire le sou.— Devant de telles impossibilités, j'ai tiré la révérence et nous sommes convenus d'entrer en répétition aussitôt après la représentation de l'opéra de Meyerbeer. Mais comme je m'étais engagé vis-à-vis de Roqueplan à faire répéter les acteurs chez moi, de façon à ce que la pièce puisse être jouée dans 15 jours (je m'y engageais formellement), il a été très-reconnaissant de mon désir de sortir le théâtre du mauvais pas où il se trouve, et ainsi que je te l'ai dit, après en avoir causé l'autre soir, il m'a serré la main en me disant : «Je suis étranglé! Je suis étranglé! »—Grand bien lui fasse! s'il est étranglé, c'est bien par sa faute.

J'ai été entendre quatre fois *les Noces de Figaro*. C'est fameux, et Carvalho n'aurait qu'un désir, ce serait de faire une belle reprise des *Amours du Diable*. Mais comme Perrin, avant de quitter la direction du Théatre-Lyrique, a fait détruire toutes les décorations, trucs et costumes de la pièce (en les faisant couper, tailler, servir à autre chose, probablement pour empêcher son successeur d'en tirer parti), la reprise ne pourra avoir lieu que l'année prochaine. — Voilllà !!!

Enfin, je suis comme un homme qui a de belles et nombreuses invitations à dîner pour la semaine prochaine, mais qui, en attendant, doit se frotter le ventre et se priver de dîner, malgré son appétit.

Je n'ai que le temps de t'embrasser de cœur.

Ton frère affectionné,

ALBERT.

Dans une autre lettre, du 20 Mars 1859, adressée aussi à son frère Félix, je trouve ces lignes :

.... J'ai entièrement mis sur ses pieds *Riquet*. Je n'ai jamais rien fait de pareil, de plus complet, de plus varié; je crois que tout y est, et que je puis m'attendre à un succès qui dépassera de beau-

13.

coup ceux que j'ai obtenus jusqu'ici. — Je pense que Carvalho viendra me voir ces jours-ci pour en causer à fond, et Sauvage travaille à force aux remaniements que je lui ai demandés, afin de pouvoir lui lire la pièce complète.

Faust de Gounod s'est donné hier soir ; je n'en connais pas le succès, car je me suis couché de bonne heure.

La Fée Carabosse n'a pas bien réussi, et il ne serait pas dans les choses impossibles qu'on remontât *les Amours du Diable ;* mais je ne puis rien affirmer à ce sujet...

Si l'affaire K... s'arrangeait promptement et si je pouvais avoir du recueillement et de la paix d'esprit, je serais prêt à m'engager avec Carvalho à lui livrer la partition entièrement terminée le 31 Août. Il y aura diantrement de notes à écrire, et cette partition, qui est maintenant en quatre actes dont un prologue, sera aussi considérable que *les Amours du Diable*. Mme Carvalho n'aura jamais chanté un rôle pareil. Tout cela, mon bon Félix, me semble bien tranquillisant pour l'avenir...

Moins d'un mois après, le 16 Avril, Grisar écrivait de nouveau à son frère :

.... Je regrette bien, mon cher Félix, que tu ne

puisses pas venir passer une huitaine de jours à Paris, pour assister à la représentation de ma pièce et aux dernières répétitions ; nous flânerions un peu ensemble et je te jouerais *Riquet*, que, comme intérêt pécuniaire, j'aimerais mieux faire jouer à l'Opéra-Comique qu'au Théâtre-Lyrique, attendu que les droits à l'Opéra-Comique, pour ma moitié, sont de 7 1/4 pour cent, contre 6 au Théâtre-Lyrique, et que ma partition à l'Opéra-Comique m'est payée 1,000 *fr. de plus par acte* qu'au Théâtre-Lyrique. — Ce qui me pousse à désirer cela, c'est la distribution, qui serait excellente à l'Opéra-Comique avec Mlle Breuillé pour la Fée (1), Mlle Lefebvre pour Azolin. Enfin, qui sait, après tous mes déboires et toutes mes épreuves, les bons jours reviendront peut-être.

Par tout ceci, on voit que Grisar avait une haute opinion de sa partition de *Riquet*. Une autre pièce, en trois actes, *le Parapluie enchanté*, était aussi l'objet de ses prédilec-

(1) — Mlle Breuillé, jeune artiste qui donnait de grandes espérances, et qui, après avoir créé le rôle du petit pâtre dans *le Pardon de Ploermel*, fut atteinte d'une maladie de langueur qui l'emporta au bout de quelques mois.

tions. Le livret de celle-ci lui avait été fourni par MM. Charles Deulin et de Najac, et l'ouvrage était primitivement destiné au petit théâtre des Bouffes-Parisiens; plus tard, il fut question de le transporter à l'Opéra-Comique, mais des changements furent alors jugés nécessaires au poëme, et ce fut M. Labiche qui fut chargé de les opérer. Voici une lettre où il est parlé tout à la fois de *Riquet*, de *l'Ane et le Prince*, d'*Afraja* et du *Parapluie*, bien que le nom de ce dernier ne soit pas prononcé; elle est datée du 3 Juin 1867:

... Les deux reprises des *Amours du Diable* et des *Porcherons* ont eu lieu dans des circonstances déplorables: chaleurs inusitées, épidémie qui rendait les théâtres déserts, et exécution *tout à fait insuffisante* de la part de Mme Galli-Marié. — J'ai donc été éprouvé pécuniairement, ce qui, grâce à Dieu, ne m'a pas empêché de produire.

Il faut encore te dire que l'Opéra-Comique est dirigé en ce moment-ci d'une manière honteuse par de Leuven, qui n'est pas plus artiste que ma botte, et par son associé, un ancien marchand enrichi! Ils économisent sur tout; il n'y a pas d'acteurs, pas de chanteuses; on ne joue que les pièces de l'ancien répertoire pour ne pas payer de droits aux auteurs, etc., etc., à un tel point qu'il n'y a pas d'exécution possible pour *Riquet à la houppe*, que je t'ai joué, ni pour *l'Ane et le Prince*, que j'ai fait avec Lockroy et Cogniard, ni pour deux autres petites pièces excellentes qui sont terminées (1). Il faut donc forcément attendre, et c'est l'avis de tous ceux qui s'intéressent à moi. Cette position ne peut durer, et après l'Exposition universelle, il est probable (et j'en sais quelque chose) que la direction sera changée.

J'ai aussi pour le Théâtre-Lyrique un opéra en quatre actes, où réellement j'ai fait de la superbe musique, mais pour laquelle il y a quelques modifications à trouver pour le poëme (2).

Quant à ma grande pièce pour les Bouffes-Parisiens (3), les embarras pécuniaires du théâtre,

(1) — Quelles étaient ces deux « petites pièces », dont Grisar ne donne point les titres? L'une d'elles était sans doute *Rigolo*, dont le nom est mentionné en tête de ce chapitre. Mais l'autre?

(2) — Il est ici question d'*Afraja*, comme on va le voir par les lignes qui suivent.

(3) — *Le Parapluie enchanté.*

qui est en faillite depuis deux ans, ont engagé mes collaborateurs à retirer la pièce sans m'en rien dire, par écrit et sans mon consentement. J'aurais pu actionner mes collaborateurs pour ma part de dédit, soit *cinq mille francs*, qu'ils auraient été forcés de me payer ; mais entre collaborateurs et associés, cette chose ne se fait pas.

Colombier m'approuve entièrement, et comme il m'a toujours payé mes partitions 9,000 fr., plus 3,000 fr. conditionnels à la 85e représentation, il est d'avis que j'ai tort de me tourmenter, et qu'une seule grande pièce représentée serait suffisante (plus du double) pour m'acquitter avec vous trois ; mais encore faut-il une *bonne exécution*, sans laquelle il n'y a pas de succès *lucratif* possible.

Sois donc tranquille, et que Jules et Gustave le soient aussi : j'ai certainement pour plus de 150 mille francs de musique dans mes tiroirs, et espérons que sous peu une œuvre importante verra le jour.

Quant à ma pièce du Théâtre-Lyrique, elle est tirée d'un très-curieux roman norwégien, *Afraja*, et je te répète que la musique en est plus que belle...

Ce qui est certain, c'est que parmi neuf ou

dix ouvrages que Grisar avait en portefeuille, deux au moins étaient entièrement terminés quant à la musique, à part les dernières modifications que pouvait exiger leur mise à la scène. — « Quand je pense, disait-il encore (le 24 Février 1868), que j'ai *le Parapluie,* en trois actes, entièrement orchestré dans mes tiroirs, et *Riquet à la houppe,* et que ces deux pièces sont, comme musique, d'un *goût exquis* (1), quoique de deux genres ab-

---

(1) — Je n'aime guère, je l'avoue, voir un artiste se décerner à lui-même de tels éloges; cela me le gâte un peu. Il en faut prendre son parti pourtant avec Grisar, dont on voit que c'était l'habitude, et savoir l'accepter avec ses défauts comme avec ses qualités. D'ailleurs, s'il en est un auquel on puisse, jusqu'à un certain point, pardonner cette bonne opinion de soi-même et de ses œuvres, c'est assurément l'auteur des *Porcherons* et de *Gilles ravisseur.* — En tous cas, et étant donnée la personnalité de Grisar, cela donne une singulière envie de connaître les ouvrages qui excitaient en lui un tel enthousiasme. Puisque les deux partitions de *Riquet à la houppe* et du *Parapluie enchanté* sont terminées en réalité, et qu'on n'aurait plus à songer, en ce qui les concerne, qu'aux derniers remaniements que pourrait nécessiter le travail de la scène, ne pourrait-on confier ce soin à un confrère, à

solument opposés, sans compter *Rigolo*, *Afraja* et autres, et que ces pièces représentent bien 150,000 fr. de musique, je ne puis que déplorer cruellement d'être entravé comme je le suis. »

Donc, *Riquet* et *le Parapluie* étaient absolument achevés. Mais j'ai dit que ce dernier avait émigré des Bouffes à l'Opéra-Comique. On a vu par une des lettres qui précèdent, que les auteurs du poëme avaient, sans le consentement de Grisar, retiré leur pièce du premier de ces deux théâtres; ils l'avaient portée au second, où elle avait été reçue, ainsi que nous l'apprend encore ce nouveau fragment d'une lettre de Grisar à son frère Félix (29 Juillet 1868) :

De Leuven, qui a absolument besoin d'une pièce en trois actes pour cet hiver, puisque ni la

---

un ami du compositeur, et ne se trouverait-il pas un théâtre pour les accueillir (*) ?

(*) — Au moment même où les dernières épreuves de ce volume me sont livrées, j'apprends que l'Opéra-Comique s'est engagé à représenter l'hiver prochain *Riquet à la Houppe*. C'est M. de Flottow, l'auteur de *Martha* et de *l'Ame en peine*, l'intime ami de Grisar, qui s'est chargé de mettre cet ouvrage en état de paraître à la scène.

pièce de Flottow, ni celle d'Auber ne sont prêtes, est venu me trouver à Asnières pour me demander *le Parapluie*, pour être joué vers le mois de Décembre ou Janvier, et pour les quelques modifications qu'il exige il désire que Labiche, qui a une grande réputation, s'en charge, ce à quoi celui-ci consent ; nous voilà donc en grand travail ; mais comme dans quelques jours Labiche est obligé de se rendre dans ses propriétés en Sologne, je serai obligé de m'y rendre et de recevoir son hospitalité pendant huit ou dix jours, après lesquels je serai obligé d'aller passer quelques jours à Quimper, chez de Najac, pour une pièce en un acte que nous avons pour les Bouffes-Parisiens.

L'horizon s'éclaircit donc pour moi. L'Opéra-Comique s'est obligé à jouer cet hiver *Pantalon et Gilles*, ce qui fait trois pièces avec *le Parapluie*. Et les Bouffes-Parisiens joueront deux pièces de moi, *Bégaiements d'amour* et *les Douze Innocentes*, plus *Rigolo*, si j'ai le temps de le terminer...

Le lendemain même, Grisar adressait à son frère cette autre lettre :

30 Juillet 1868.

Mon cher Félix,

Je te confirme ma lettre d'hier, mise à la poste après le départ, à mon grand regret, lettre qui te demandait un crédit de 1,000 ou 1,250 fr. chez A... Je pense que tu me l'enverras pour samedi.

Voici les nouvelles :

Jules Noriac, directeur des Bouffes-Parisiens, que je quitte à l'instant, veut me faire une position à son théâtre et ouvrir par : *Voyage autour de ma Chambre*, qui est un long éclat de rire.

Quant à l'Opéra-Comique, on s'occupe de *Bonsoir, monsieur Pantalon*, et Labiche, chargé de remanier les trois actes du *Parapluie*, a trouvé des choses hors ligne comme haut comique, dignes de ma musique (!). C'est pour moi un succès assuré et splendide, car la musique du *Parapluie* est d'un goût exquis, en même temps que d'un comique à se tenir le ventre (!!).

A la grâce de Dieu, donc, et envoie-moi bien vite ce que je te demande, afin de contribuer à me faire un hiver lucratif. Les journaux et les abords de l'Opéra-Comique commencent à dire : Grisar flâne bien par là ; c'est une pièce pour cet hiver.

Je compte sur toi, et je vous embrasse tous.

Je me rends chez Labiche, où j'ai rendez-vous avec Najac ; Labiche part samedi et Najac lundi.

Mille amitiés à tous.

Ton frère affectionné,

ALBERT GRISAR.

Bureau restant, Asnières, près Paris.

Bientôt il n'est plus question des Bouffes, d'où un caprice peut-être l'aura éloigné, et c'est l'Athénée qui devient l'objet de ses espérances, ainsi que le prouvent ces lignes adressées à son frère Gustave (19 Décembre 1868) :

... J'aurai peut-être besoin d'une lettre de recommandation pour Bishoffsheim, qui est propriétaire de la salle de l'Athénée. Le directeur est au moment de faire faillite, et je pousse Mme Ugalde et son associé à prendre la direction ; s'ils l'obtiennent, ils me feront à ce théâtre la position qu'a Offenbach aux Bouffes-Parisiens. — L'horizon s'éclaircit beaucoup.

Le *post-scriptum* de cette lettre mérite d'être reproduit :

J'ai une occasion inattendue pour un piano et les meubles qui me manquent. Avec mon appartement remis complétement à neuf, cela ne manquera pas de chic, *comme cela doit être pour un homme de mon talent*. Car malheureusement c'est sur l'habit qu'on juge le moine.

Des faits qui sont mentionnés dans la correspondance que je viens de dérouler, il résulte que Grisar s'agitait incessamment, mais d'une façon un peu stérile, et qu'en somme ses efforts n'aboutissaient à aucun résultat pratique, réel, palpable. Par suite de différentes raisons, les quatre dernières années de sa vie s'écoulèrent sans qu'il parvînt à faire représenter aucun des nombreux ouvrages qu'il avait en portefeuille, et dont pourtant quelques-uns étaient tout prêts à paraître devant le public. Il semblait d'ailleurs, il faut bien le dire (et ceci serait à sa louange), un peu découragé par certains succès de mauvais aloi, quoique fort bruyants, et aussi par la dépravation du goût musical que la France subit depuis une quinzaine d'années. Sous ce rapport, on sera édifié par ces passages d'une dernière lettre que je crois devoir reproduire, et qui porte la date du 6 Novembre 1867 :

Mon cher Félix,

Me voilà pris de nouveau depuis sept jours par mon mal de larynx, qui me forcera à me faire appliquer des ventouses ce soir ou demain...

J'ai été charmé et bien heureux d'avoir vu

Gustave (1), et je regrette qu'il ne soit pas resté quelques jours de plus à Paris. Je lui ai parlé à cœur ouvert, et il a compris que si on ne me joue pas dans ce moment-ci, cela tient à des raisons que je t'ai déjà dites et qu'il est inutile de répéter : absence d'auteurs; Exposition, qui permet aux directeurs de faire de l'argent avec des vieilleries ; et : DÉTÉRIORATION momentanée du *goût*. Car sois bien convaincu que si certaines œuvres font courir, ce n'est pas leur mérite, mais bien les jambes, les gorges des actrices, qui sont les grandes causes du succès ; que ne peuvent-elles montrer le reste ! cela ferait encore bien plus fureur.

Mes œuvres nouvelles sont donc momentanément dans mes tiroirs, cher frère, et c'est ce qu'elles peuvent faire de mieux pour le moment actuel ; mais comme je n'ai pas fait dix francs de dettes depuis mes derniers embarras, je m'acquitterai envers vous tous sur ma *première* pièce nouvelle.

ALBERT.

Cette dernière phrase est relative à des embarras d'argent semblables à ceux auxquels

(1) — Son troisième frère.

il a été fait allusion précédemment, et dont ses frères l'avaient plus d'une fois tiré. C'est encore à cela que se rapportaient ces mots d'une autre lettre du 24 Mars 1868 : — « Ma position n'est pas gaie, mais une seule pièce, soit *le Parapluie*, soit *Riquet*, soit *Afraja*, m'acquitterait d'un coup envers vous..... »

On le voit, c'est toujours la même chose; c'est toujours la poursuite incessante, mais capricieuse et fantasque, sans énergie et sans fixité, d'un but qui échappe à ses désirs trop mobiles et trop changeants. N'ayant point su, dans le passé, se mettre en garde contre des revers possibles, Grisar ne songeait, dans les dernières années de sa vie, qu'à escompter l'avenir, et le présent s'écoulait sans amener aucun changement dans sa position. Il conserva néanmoins jusqu'à la fin ses espérances, et caressait toutes sortes de projets.

Malheureusement, ces espérances ne devaient pas se réaliser, et il était dit que le pauvre Grisar nous quitterait sans avoir la satisfaction de livrer ses dernières œuvres au ugement d'un public qui l'avait toujours si bien compris et dont il était en quelque sorte l'enfant gâté. En proie, comme je l'ai dit, à des ennuis nombreux, absorbé par des chagrins à l'abri desquels il n'avait pas su se mettre, ses dernières années s'écoulèrent en efforts persistants et infructueux pour rétablir dans ses affaires personnelles un équilibre depuis longtemps détruit et que son imprévoyance avait porté à son comble. Entièrement préoccupé de ce côté, lassé, abattu, il ne trouvait ni le temps, ni la force, ni la lucidité d'esprit nécessaires pour poursuivre efficacement la réalisation de ses rêves artistiques. Arrivé presque à l'âge où le repos, un repos relatif du moins, est l'une des nécessités de l'existence, il lui fallait recommencer à combattre ce rude combat de la vie, et dans des conditions telles que de plus jeunes que lui, et de plus vigoureux, se fussent trouvés peut-être impuissants à le soutenir. Son nom pourtant ne disparaissait pas absolument de l'horizon parisien. Dans ces derniers temps, l'Opéra-Comique avait repris deux de ses meilleurs ouvrages, *les Porcherons* et *Bonsoir, Monsieur Pantalon*, que le public avait revus avec plaisir; de son côté, l'aimable petit théâtre des Fantaisies-Parisiennes, qui poursuivait courageusement sa campagne contre la musique malsaine et refusait de se laisser entraîner dans le tourbillon du jour, s'était approprié *l'Eau merveilleuse* et *Gilles ravisseur* (1). Mais tout cela était, on le conçoit, insuffisant à satisfaire l'ambition de Grisar, et cependant il ne recouvrait point l'énergie qu'il lui eût fallu pour rentrer fière-

(1) — C'est à propos de la reprise de *Gilles* aux Fantaisies, que Grisar écrivait à son collaborateur, M. Sauvage, la lettre suivante, dont certain passage est empreint d'une ironie fine et transparente:

« 26 Novembre 1868, 4 heures.

« Mon cher Sauvage,

« Je sors de la répétition générale, dont je suis plus satisfait que je ne pourrais le dire.—Gilles, Léandre, Valentin, ont tous trois des voix charmantes et le physique de l'emploi.

« A l'Opéra-Comique, nous ne trouverions rien de pareil. — Crispin, excellent comme voix et comme physique. — Isabelle était très-enrouée, et je n'ai pu en juger. — Je crois, cher ami, que nous pouvons avoir aux Fantaisies un succès très-satisfaisant.

« Je ne me souvenais presque plus de la musique de *Gilles;* je ne la trouve pas trop mal, quoique écrite dans des tons connus et employés par tous : *ré* mament dans la lice et conquérir un nouveau succès, que l'autorité de son nom et de son talent semblait lui assurer d'avance.

C'est ainsi que s'écoulèrent, tristes, amers, désenchantés, pleins d'inquiétudes et d'alarmes malheureusement trop justifiées, les derniers jours de cet artiste aimable et ingénieux, à l'esprit si piquant et si fin, au talent à la fois si élégant, si substantiel, si plein d'un véritable atticisme. Bien différent de ce qu'il était autrefois, il semblait supporter avec peine le fardeau de l'existence. Rien cependant n'était de nature à faire prévoir sa fin rapide, car sa santé, chancelante pendant assez longtemps, s'était remise, et si son esprit continuait d'être sous le coup de préoccupations pénibles, du moins la vigueur de son tempérament avait repris le dessus et le corps semblait en bon état.

---

jeur; *mi* majeur; *sol* majeur; *mi* bémol; *la* majeur; *la* bémol; *fa* majeur; *sol* majeur; *ut* majeur pour le finale.

« Martinet m'a dit qu'il allait vous envoyer le traité convenu et accepté par lui.

« Votre ancien ami,

« GRISAR. »

Tout à coup, dans l'après-midi du 15 Juin, la nouvelle se répand dans Paris que Grisar était mort le matin, dans le petit logement qu'il occupait à Asnières pendant la saison de la villégiature (1). Aucun n'y voulait croire. Vingt personnes l'avaient vu la veille, flânant sur les boulevards et donnant des poignées de main à chacun, le visage souriant et s'épanouissant presque sous l'action bienfaisante d'un soleil brillant, sous l'influence consolatrice d'une belle et chaude journée d'été. Le fait était exact, cependant. Mais Grisar avait eu cette chance suprême d'être frappé violemment, et de quitter le monde sans souffrance. Foudroyé dans la nuit par une attaque d'apoplexie, il avait été trouvé le matin, dans son lit, froid et inanimé.

Avec lui disparut l'un des représentants les plus charmants et les plus originaux de cette école musicale française, qu'il semble de bon goût de dénigrer dans notre pays, alors que les étrangers lui font le plus cordial accueil

(1) — La maison habitée par Grisar à Asnières était située rue de la Station, nº 16.

(alors surtout que depuis vingt ans elle est la seule qui ait su se maintenir à une certaine hauteur), et qui a produit tant de glorieux champions. Grisar, on peut le dire, prend place à côté des meilleurs d'entre eux, et ce n'est pas un mince mérite pour lui que de voir son nom confondu avec ceux de Grétry, de Philidor, de Monsigny, de Berton, de Dalayrac, de Boieldieu, de Méhul, de Lesueur, d'Hérold, d'Adolphe Adam, d'Hippolyte Monpou, d'Halévy, et de tant d'autres qui nous assurent, quoi qu'on en dise, un rang élevé dans le domaine de l'art. Aussi justifie-t-il pleinement ces lignes que sa perte inspirait à un critique, son compatriote : — « Qui prendra la place que sa mort rend vacante? Nous voyons des musiciens au-dessus de lui; nous en voyons beaucoup au-dessous; nous n'en apercevons pas à ce degré intermédiaire où se trouve le véritable opéra-comique français, dont il était l'interprète par excellence en ce temps-ci (1). »

---

(1)—XX (Édouard Fétis) : *Indépendance belge.*

IX.

Avant de résumer mes impressions sur l'ensemble de l'œuvre de Grisar, avant de porter sur le talent de l'artiste, au point de vue général, un jugement qui soit l'expression réfléchie et sincère de ma pensée, il me faut parler d'un certain nombre de compositions publiées par lui en dehors du théâtre, et qui le montrent, sinon sous un aspect particulier, du moins, si je puis ainsi dire, sous un aspect *à côté*. Il s'agit des mélodies, chansons, romances, nocturnes, etc., que Grisar produisit en assez grand nombre pendant les premières années de sa carrière, et qui ne furent pas sans aider à sa renommée naissante. Grâce au succès colossal de *la Folle,* Grisar était devenu tout d'un coup l'un des favoris de ce public particulier des salons parisiens, pour lequel, à cette époque, la romance était un besoin réel, pour lequel elle représentait une sorte de manne quotidienne qui, chaque matin, devait lui tomber du ciel.

Aussi, ne se faisait-il pas trop prier par les éditeurs pour leur livrer ces petites pièces élégantes, parfois mignonnes et légères, parfois touchantes et émues, dont les paroles lui étaient fournies, tantôt par quelqu'un des faiseurs habituels, des héros du genre, tel qu'Emile Barateau, MM. Eugène de Lonlay, ou Crevel de Charlemagne, tantôt par quelque poëte de la pléiade romantique, comme M. Edouard Thierry, l'administrateur actuel de la Comédie-Française, ou Burat de Gurgy, tantôt enfin par un de ses compatriotes, Victor Hanssens ou M. André Van Hasselt.

Voici, telle que j'ai pu la dresser avec beaucoup de peine, une liste des compositions vocales ainsi publiées par Grisar. Malgré les recherches auxquelles elle a donné lieu, cette liste, qui comprend une cinquantaine de morceaux, est encore, je le crains, assez loin d'être complète; mes prétentions ne vont pas jusque là, et chacun sait trop combien ceci est difficile. Mais elle est annotée avec soin, et je puis affirmer du moins que les renseignements qu'on y trouvera sont d'une rigoureuse exactitude.

Néobulé, « romance, » paroles de M. Granier de Cassagnac.

Le Poëte mourant, « romance, » paroles anonymes (1).

Tragala, « romance, » paroles d'André

---

(1) — Ce titre et cette indication m'ont été communiqués, mais je n'ai pu mettre la main sur un exemplaire de cette mélodie. Les paroles en sont-elles bien anonymes, et Grisar n'aurait-il pas écrit sa musique sur la belle élégie de Millevoye, qui a rendu célèbre ce titre du *Poete mourant* :

> Le poëte chantait : de sa lampe fidèle
> S'éteignaient par degrés les rayons pâlissants ;
> Et lui, prêt à mourir comme elle,
> Exhalait ses tristes accents.

Van Hasselt, dédiée à M. Wartel (publiée chez Bernard-Latte) (1).

Le Souvenir, « air chanté par Mlle Méquillet, » paroles anonymes. (Bernard-Latte).

Qu'il reste! « romance, » paroles d'Émile Barateau (Meissonnier).

La Peur, « romance, » paroles d'André Van Hasselt, dédiée à Mme Mens (Bernard-Latte).

Nisida, « sicilienne, » paroles de Scribe et de Saint-Georges, chantée par Mme Eugénie Garcia (Bernard-Latte).

Hélène, « boléro, » paroles d'André Van Hasselt, dédié à Mme de Séprés (Bernard-Latte.). — Cette composition doit dater des environs de 1830, car le frontispice, dessiné par Alophe, est d'un romantique très-caractérisé.

(1)—Je ferai remarquer que j'ai donné, autant qu'il m'était possible, le nom du premier éditeur. Mais, par suite de transactions commerciales, la plupart des morceaux détachés de Grisar ont passé de main en main, successivement émigré dans telle ou telle maison, et portent aujourd'hui un nom d'éditeur qui n'est plus celui du propriétaire primitif.

Les Deux Chagrins, « mélodie, » paroles d'Eugène de Lonlay (Meissonnier-Heugel).

Esmeralda, « chansonnette, » paroles de Crevel de Charlemagne, dédiée à Mme Fortunata Marinoni (publiée dans *le Ménestrel* et chez Bernard-Latte).

La Coquetterie, « air chanté par Mme Deforges, » paroles anonymes (Bernard-Latte).

Ce que j'aime le mieux, « romance, » paroles d'E. Burat de Gurgy (Meissonnier-Heugel).

La Folle, « romance, » paroles de Porret de Morvan, dédiée à Victor Hanssens.—Sans parler de l'édition primitive, publiée à Bruxelles, chez Schott, « et chez l'auteur, longue rue de l'Ecuyer, n° 10, » il existe en France d'innombrables éditions de cette romance célèbre, faites par Bernard-Latte, Meissonnier, Paté, Heugel, etc. L'une d'elles porte même une dédicace différente de celle de l'édition primitive, et qui est adressée à Adolphe Nourrit.

Tu n'aimes pas, « romance, chantée par Wartel, » paroles d'André Delrieu (Meissonnier-Heugel).

Au moment du départ, « romance, » paroles d'Émile Barateau (Meissonnier). — Dans certains exemplaires de cette romance, le titre placé en tête du texte musical est différent de celui que porte le frontispice. Voici ce second titre : *Souviens-toi de moi.*

Mignon, « imité de Gœthe. » — Cette mélodie, écrite sur une traduction de la célèbre romance de Gœthe, a eu deux éditions différentes : l'une, faite par l'éditeur Bernard-Latte et donnée par lui dans le journal dont il était propriétaire, l'*Echo musical;* l'autre, faite par la maison Meissonnier-Heugel, et dans laquelle le titre de *Mignon* était remplacé par celui ci : *La connais-tu?* Cette dernière portait une charmante vignette de Mouilleron (1).

1 — *La Mère et la Fée,* paroles d'A. de Kermanguy, dédiée à M. Ponchard.

2 — *La Chanson de la Berceuse,* paroles

(1) — Voir, à la page 38, la note relative au journal *l'Écho musical.*

d'Édouard Thierry, dédiée à Mme Georgette Ducrest (1).

3 — *L'Étoile de la Mer*, paroles d'Eugène de Lonlay, dédiée à Mme Camille Palmer.

4 — *Ne me crois pas*, paroles d'Eugène de Lonlay, dédiée à Mme Gay Saint-Ville (2).

(Les quatre mélodies qui précèdent formaient un album intitulé : *Quatre romances*

---

(1)—Mme Georgette Ducrest, nièce de Mme de Genlis, se fit jadis une réputation comme chanteuse de salons et de concerts, et fut ensuite, pendant plus de dix ans, professeur de chant à Lyon.—Elle a manié aussi la plume, avec une certaine négligence, mais non sans quelque grâce. Sous le règne de Charles X, elle publia des *Mémoires* (anonymes) *sur l'impératrice Joséphine*, et, en 1831, elle livra au public un second ouvrage : *Paris en province, mémoires contemporains.* Ce dernier, réimprimé en 1856, renferme des réflexions et des détails intéressants sur les artistes, écrivains, peintres, musiciens, comédiens, des premières années de ce siècle.

(2) — Mme Gay Saint-Ville était une cantatrice de talent, qui avait tenu l'emploi de *prima donna* à la Scala, de Milan, et à la Pergola, de Florence, et qui avait même fait à l'Opéra une rapide apparition.

d'Albert Grisar, album publié chez Ad. Catelin, avec un joli frontispice divisé en quatre cartouches et fortement empreint de romantisme).

L'Enfant du Chasseur, « chant norwégien, » paroles d'Adolphe de Leuven.

Adieu beau rivage de France, « barcarolle, » paroles d'Abel de M***, dédiée à M. Jansenne (Bernard-Latte).

Le Bandoulier, « romance, » paroles d'André Van Hasselt, dédiée à M. Dérivis (Bernard-Latte).

La Fiancée du Guérillas, « boléro, » paroles de Crevel de Charlemagne, dédié à M. Wartel (Bernard-Latte).

1 — *Mon beau rouet, que filez-vous?* « chanson, » paroles d'Édouard Thierry.

2. — *L'Arrivée du régiment*, « romance, » paroles d'Émile Barateau, dédiée à M. Wartel.

3 — *Tristesse à moi*, « romance, » paroles du même, dédiée à Mlle Annette Lebrun (1).

(1)—Mlle Annette Lebrun, aujourd'hui marquise de

4. — *La Dormeuse*, « chansonnette, » paroles du même.

5. — *Les trois Gageures*, « romance, » paroles du même.

6. — *Le Miroir de la Châtelaine*, « chansonnette, » paroles du même.

(Les six mélodies qui précèdent formaient un recueil publié sous ce titre, par l'éditeur Bernard-Latte : « *Album d'Albert Grisar*, dédié à son ami M. Charles de Brouckère ; six romances, avec accompagnement de guitare par J. Vimeux; lithographies de Grenier. » — On sait que M. Ch. de Brouckère, mort il y a quelques années, était compatriote de Grisar et fut l'un des hommes d'État les plus considérables de la Belgique; membre du Congrès national en 1830, ministre des finances dans les deux cabinets du régent,

---

Montréal, ancienne artiste de l'Opéra-Comique, de l'Opéra et du Théâtre-Italien, deuxième fille du chanteur-compositeur Lebrun, auquel on doit la musique de nombreux ouvrages dramatiques, entre autres *le Rossignol*, qui resta si longtemps au répertoire de notre première scène lyrique.

puis ministre de l'intérieur, ministre de la guerre, etc., il était, en dernier lieu, bourgmestre de Bruxelles. — Il va sans dire que les romances qui composaient cet album ont été publiées aussi avec accompagnement de piano).

La Capette, « ballade, » paroles d'Édouard Thierry (Bernard-Latte).

S'il faut quitter la noble terre.

Au nom du Père, « romance, » paroles d'Édouard Thierry, dédiée à Mme Desforges (Bernard-Latte).

Les Laveuses du Couvent, « romance, » paroles d'Edouard Thierry, dédiée à Mlle C. Rossi (Bernard-Latte).

L'Arbre de Noël, « mélodie de Jean Van Uffel, composée en 1583, paroles d'Édouard Thierry, musique arrangée par Albert Grisar. » — Il existe plusieurs éditions de cette mélodie, dont une, faite par l'*Écho musical*, et qui porte seulement ces mots : « Accompagnement de piano par Albert Grisar. » C'est évidemment à cela qu'a dû se borner en effet tout le travail de Grisar, qui aura sans doute découvert cette mélodie dans un vieux recueil oublié, et, séduit par sa simplicité, aura voulu s'en faire l'éditeur. Qu'était-ce que ce Jean Van Uffel? Un musicien flamand qui vivait à la fin du seizième siècle, ainsi que l'attestent la contexture de son nom et la date de la composition publiée par Grisar. Mais je n'ai pu rien découvrir de plus sur son compte, M. Fétis n'en parlant pas, non plus que M. Édouard Gregoir, l'auteur des deux recueils biographiques intitulés : *les Musiciens belges* et *les Musiciens hollandais*.

Où vous envolez-vous? paroles d'Émile Barateau, dédiée à M. Alexis Dupont (Bernard-Latte).

Chant du soir, « barcarolle, » paroles d'Émile Barateau (Bernard-Latte).

Fortunata, « chansonnette, » paroles de Crevel de Charlemagne (Bernard-Latte).

Là-bas, là-bas! « romance, » paroles d'André Van Hasselt (Bernard-Latte).

Le Manoir, « romance, » paroles d'Eugène de Lonlay.

Une Lumière dans le lointain, paroles de Carmouche (Bernard-Latte).

Que lisez-vous dans ma main? « romance, » paroles d'Émile Barateau (Bernard-Latte).

Jacqueline, « romance, » paroles d'Émile Barateau, dédiée à M. Achard (Bernard-Latte).

Que veut-il dire? (Bernard-Latte).

Viens aux champs, Marie, « cantilène chantée par M. Paul Deshayes et Mlle Adèle Page dans *Marie de Mancini,* drame de MM. d'Ennery et Ferd. Dugué, » représenté à l'Ambigu à la fin de Décembre 1864.

L'Oraison de Sainte-Geneviève, « nocturne-prière » à deux voix, paroles d'Hilaire L. Sazerac (Bernard-Latte).

Les anciennes Voisines, « duettino » pour voix de femmes, paroles anonymes (Mme Lemoine).

Prenez espoir, « nocturne » à deux voix de femmes, paroles d'Eugène de Lonlay, dédié à Mme et Mlle Dupont (Bernard-Latte).

La Fête des Madones, « nocturne » à deux voix, paroles de Crevel de Charlemagne, dédié à MM. Abel Magnan et Napoléon Panel (Bernard-Latte).

Les deux Mariniers , « nocturne » à deux voix, paroles de Victor Hanssens (Bernard-Latte.)

Le Retour du mois de Mai, « nocturne » à deux voix, paroles d'Émile Barateau, dédié à MM. Panel et A. Magnan (Bernard-Latte).

Les Bavardes, « duettino comique » pour voix de femmes, paroles d'E. Barateau.

On pense bien que je ne vais pas analyser successivement toutes ces productions légères, dont quelques-unes, d'ailleurs, sont vraiment médiocres et peu dignes de la plume si délicate et si fine de Grisar. Je me bornerai à en signaler deux ou trois, comme véritablement supérieures.

La Folle, d'abord, qui méritait — et c'est tout dire — la réputation qu'elle fit à son auteur. Avec son allure irrégulière, tantôt rapide et mouvementée, tantôt caressante et langoureuse, avec son rhythme voluptueux, avec son dessin plein de souplesse et de grâce, c'est bien là un chant d'amour, tendrement passionné, dans lequel on voit apparaître tour à tour la joie et la désespérance de l'infortunée dont cet amour a troublé la raison. Après quarante ans d'existence, *la Folle* n'a rien perdu, à mon avis, de sa fraicheur et de sa valeur premières, et elle restera un type accompli dans ce genre de la romance, où pourtant plus d'un de nos musiciens a créé de petits chefs-d'œuvre.

Quant aux *Laveuses du Couvent*, je n'hésite pas à dire qu'au point de vue du caractère, de la couleur, de la franchise, de la verve, c'est l'une des mélodies les plus saisissantes, les plus achevées que l'on puisse entendre. Ce n'est point, du reste, une romance dans la véritable acception du mot, et l'on se demande pourquoi les auteurs ne l'ont point qualifiée de ballade, car elle en a toutes les allures, aussi bien en ce qui concerne les paroles que la musique. De plus, elle exhale un pur parfum de romantisme, et je crois qu'aucun musicien, pas même Hippolyte Monpou (qui, on le sait, était le musicien romantique par excellence), ait conçu quelque chose de plus caractéristique sous ce rapport. Je comprends à merveille la vogue prodigieuse obtenue naguère par *les Laveuses du Couvent,* et il me semble qu'aujourd'hui encore, chantées par un Darcier ou une Thérésa, par quelqu'un de ces artistes qui savent *dire,* accentuer et rhythmer, elles feraient crouler une salle sous les applaudissements. — Un détail singulier à propos de cette romance. Lorsque Grisar la porta à son éditeur, M. Bernard-Latte, en même temps que six autres qui devaient composer un album, il la lui *donna,* c'est le mot, gratis et *par dessus le marché,* en lui disant : — « Tenez, en voici une qui ne vaut pas grand'chose; je ne sais même pas si vous ferez bien de la publier, car j'avoue que je la trouve parfaitement mauvaise. » Or, elle eut le succès que l'on sait, et l'éditeur en vendit 50,000 exemplaires.

La barcarolle intitulée : *Adieu, beau rivage de France,* ne fut guère moins bien accueillie des amateurs. J'avoue pourtant que je la trouve beaucoup inférieure à la précédente. C'est un chant très-rhythmé, très-franc, mais d'un dessin assez vulgaire, et manquant absolument de nouveauté. Grisar voulut-il lui donner plus tard un regain de succès? Je ne sais quelle fut sa pensée à cet égard, mais je constate que le nocturne à deux voix qui porte pour titre : *Les Deux Mariniers*, n'est autre chose que la mélodie : *Adieu, beau rivage de France*, transposée un ton plus haut et à laquelle une seconde partie a été ajoutée.

L'Arrivée du régiment a eu aussi son quart-d'heure de vogue et de célébrité. C'est une romance qui rappelle un peu le tour particulier de Frédéric Bérat, qui a le ton ému et ferme qu'on rencontre dans la plupart des jolies productions de cet ingénieux musicien-poëte. Mais l'idée est de seconde main et manque d'originalité.

En dernier lieu, je citerai *Jacqueline*, une gentille petite chanson, simplette et naïve, dont la mélancolie douce est tout à fait pénétrante.

Maintenant, il me faut signaler, outre les cinquante et quelques morceaux compris dans la liste citée plus haut (liste qui, je l'ai dit, n'a nullement la prétention d'être complète), quelques mélodies qui — jusqu'ici du moins — n'ont pas été publiées, et que j'ai eues récemment entre les mains. Ces mélodies ont toutes été écrites en Italie, à l'époque du long séjour que Grisar fit dans ce pays. En voici les titres :

1° — *La Chèvre de Jeanne*, romance, paroles de Mme Adam-Boisgontier.

2° — *Sorrente*, paroles de...... (datée de Rome, 7 Novembre 1849).

3° — *Le Lai de la Châtelaine*, paroles de.... (Rome, Octobre 1845).

4° — *La Fête de la Vierge*, paroles de ..... (Rome, 8 Novembre 1845).

5° — *Le Conscrit romain*, paroles d'Émile Grisar (Palerme, 23 Août 1847).

6° — *L'Ange gardien*, mélodie, paroles de...... (Palerme, 21 Novembre 1848).

7° — *Chanson de Roland* (1), sur les pa-

---

(1)—Le 14 Pluviose an XII (3 Février 1804), Alexandre Duval faisait représenter au Théâtre-Français un drame en cinq actes intitulé : *Guillaume le Conquérant*, qui fut défendu administrativement après cette unique représentation, et dans lequel se trouvait une « Chanson de Roland, » dont la musique avait été écrite par Méhul. Ce sont les vers de cette chanson que Grisar a de nouveau mis en musique.

roles d'Alexandre Duval (Palerme, 20 Novembre 1848).

8° — *Te sola*, sérénade avec accompagnement de violon en sourdine, pour imiter la mandoline, paroles de.... (Palerme, 15 Avril 1848).

Quelques-uns de ces morceaux sont d'une inspiration remarquable. Les deux premiers, *la Chèvre de Jeanne* et *Sorrente*, ne forment qu'une seule et même mélodie, pleine de grâce, de charme et de fraîcheur, écrite sur des paroles différentes. — *L'Ange gardien* est une sorte de prière pleine d'onction, d'un charme extrême et d'un dessin fort élégant. — *La Chanson de Roland*, d'un grand caractère, d'une saveur puissante, est empreinte d'une énergie mâle; le refrain en est à deux parties, et peut-être, dans l'idée de l'auteur, était-il destiné à former un chœur. — *Te sola* est une inspiration vive, alerte, et qui ne manque point d'originalité. — *La Fête de la Vierge* est une espèce de nocturne à deux voix, ténor et soprano.

De ces huit morceaux — qui, en réalité, n'en font que sept, puisque les deux premiers se répètent complètement — il en est trois dans lesquels l'accompagnement de piano, resté en blanc, n'est pas écrit. Ces trois morceaux sont *le Lai de la Châtelaine, la Fête de la Vierge* et *l'Ange gardien.*

J'ai encore à parler d'une composition importante, restée aussi inédite, et dont j'ai trouvé l'unique trace dans la correspondance de Grisar. Cette composition, intitulée *la Mort du Cosaque*, est une sorte de grande scène dramatique, à laquelle il semble avoir donné les développements d'un acte de grand opéra, et dont il avait trouvé le sujet dans une romance portant le même titre, et précédemment écrite par lui (1). Voici comment il en parlait dans une lettre adressée à son frère Félix, le 20 Novembre 1858 :

Je ne t'ai pas dit que j'avais intercalé la romance de Van Hasselt, *la Mort du Cosaque*, dans une scène faite *ad hoc* par Michel Carré, et que je viens de chercher et de retrouver dans mes

(1) — Je ne crois pas que cette romance ait été publiée. Je ne saurais pourtant l'assurer.

papiers.— Cette scène (c'est presque un acte d'opéra) se compose d'un chant de pâtre russe, d'un duo, d'un chant et d'un air de ténor, le tout pour amener la romance et pour préparer son effet — et j'ose affirmer que l'effet sera immense, énorme. — Je n'ose pas en parler pour ne pas ébruiter le titre de la romance, mais Carré me disait hier que ce serait un fameux cadeau à faire à Carvalho et à un éditeur de musique. Le fait est que cela nous rapporterait diablement d'argent, car cela serait joué dans toutes les villes de France......

Pour compléter ces quelques renseignements relatifs aux œuvres inédites laissées par Grisar en dehors du théâtre, je rappellerai qu'il a composé, pendant son long séjour en Italie, un certain nombre de morceaux de musique religieuse. Nous l'avons vu par une des lettres qu'il adressait alors à son collaborateur, M. Sauvage, et dans laquelle il s'exprimait ainsi : — « Je m'en trouve bien (du travail auquel il se livrait), et l'on verra bientôt, — non pas maintenant, mais plus tard, *quand je livrerai à la publicité de la musique d'église,* — on verra alors, dis-je, à quoi, j'ai passé mon temps. »

Cette lettre cependant ne fournit aucun détail, ne spécifie particulièrement aucune composition ; il est donc impossible d'être fixé sur le nombre et l'importance des œuvres religieuses écrites par Grisar ; je n'ai trouvé de renseignements précis que sur un *Salve Regina*, composé par lui à Naples, et dont il parlait plus tard à son frère Félix dans une longue lettre (10 Décembre 1858), où il appuyait sur les embarras, les difficultés matérielles qui venaient suspendre sa marche et l'entraver dans son travail :

... J'ai de si belles choses, disait-il, sur le tapis, et dire que si je venais à mourir de ces ennuis-là, ou d'une cheminée qui me tomberait sur la tête, ou d'autre accident, tout cela serait perdu ! — Avant-hier soir, à l'Opéra-Comique, Pasdeloup m'a demandé quelque chose pour ses concerts ; on y joue Beethoven, Mozart et les grands maîtres, il a un orchestre excellent et les chœurs du Conservatoire (1). — Je lui ai parlé d'un *Salve Regina*

(1) — M. Pasdeloup n'avait pas encore fondé les Concerts populaires, mais il était alors à la tête de la Société des jeunes artistes, qui donnait ses séances à la salle Herz, et dont le personnel devint plus tard le noyau de son orchestre du Cirque-Napoléon.

(dont je vous ai écrit de Naples), il a bondi de joie et doit venir me voir ces jours-ci pour en causer.— Mon cher Félix, je n'hésite pas à te dire que ce *Salve Regina* est sublime ! (Toujours modeste, ce pauvre Grisar !) C'est hardi, mais je crois que cela est, et que cela sera si je puis avoir le recueillement nécessaire pour l'orchestrer comme il faut. Je suis sûr que dans toute l'Allemagne et dans toute l'Italie ce morceau serait exécuté dans les festivals. Et j'en ai bien d'autres comme ça dans mes tiroirs, et si l'arrangement avec K... pouvait se faire d'un manière équitable, quel bonheur de pouvoir être tout entier à mon art ! et quelles bonnes choses j'ai dans le ventre, et quels progrès j'ai faits dans mon art pendant ma maladie !

Enfin, espérons que tout cela aura une fin ; j'accepte mes ennuis comme une épreuve, mais elle ne devrait cependant pas se prolonger outre mesure... (1).

---

(1)—J'ai déjà fait remarquer la bonne opinion que Grisar avait de lui-même et de ses œuvres, et la lettre citée ici en donne une preuve nouvelle. Néanmoins, on voit — et c'est là la pierre de touche des grands artistes, ou tout au moins des intelligences distinguées —qu'il ne se tenait pas pour entièrement satisfait, et

En somme, on voit que Grisar, tout paresseux qu'il était — ou qu'on le disait — n'a pas plus flâné que de raison dans le cours de sa carrière artistique. De 1833, année de l'apparition de son premier opéra, *le Mariage impossible*, à 1869, époque de sa mort, il n'a pas fait représenter moins de dix-neuf ouvrages plus ou moins importants, et formant un ensemble de trente-six actes d'opéra-comique, et il a publié au moins une soixantaine de morceaux détachés. Si l'on ajoute à ce bagage, déjà raisonnable, les dix opéras qu'il a laissés en portefeuille et dont quelques-uns, on l'a vu, sont presque complétement terminés, plus les mélodies qui sont restées inédites et dont je n'ai pu citer qu'une faible partie; si, enfin, l'on joint à tout cela les diverses com-

---

cherchait sans cesse à faire mieux qu'il n'avait fait jusqu'alors. N'y a-t il pas quelque chose de noble et de touchant à voir un homme de *cinquante* ans, un artiste de cette trempe et de cette originalité, s'exprimer ainsi : « Quels progrès j'ai faits dans mon art pendant ma maladie! » Pour moi, je l'avoue, je ne sache rien qui m'émeuve davantage, et fasse mieux naître en moi l'estime et la sympathie.

positions religieuses écrites par lui en Italie et dont sa correspondance nous a révélé l'existence, on acquerra cette conviction que si Grisar a mal aménagé sa vie, que s'il n'a pas su toujours mettre à profit les circonstances favorables dans lesquelles il s'est trouvé, non plus que la position que son talent lui avait acquise, que si, malheureusement et par sa faute, le public n'a pas été mis à même d'entendre et d'apprécier des œuvres que lui-même tenait en une singulière estime, du moins il a employé son temps et n'a fait preuve que d'une paresse fort relative (1).

(1) — Dans une lettre de Grisar à son frère Gustave (27 Juin 1860), je trouve encore la mention de trois morceaux, restés, je crois, inédits : « ...Depuis quelque temps, j'ai été fort occupé à orchester une polka-mazourke et une valse, qui doivent être exécutées au bal de la Porte Saint-Martin. Je crois que ces deux morceaux sont bien réussis, et je te les enverrai. Si je ne t'ai pas encore envoyé ma sérénade, c'est que je n'ai vraiment pu le faire ; je t'enverrai le tout ensemble... »

X

L'ARTISTE.

Pour juger sainement l'artiste en Grisar, pour apprécier l'importance du rôle qu'il a joué, de la carrière qu'il a fournie, il faut se rendre compte du milieu dans lequel il s'est produit, et jeter un coup d'œil rapide sur l'état où se trouvait en France la musique, et particulièrement le genre de l'Opéra Comique, à l'époque où il fit à Paris ses débuts.

Les deux compositeurs qui tenaient la tête du mouvement musical, Hérold et Boieldieu, étaient morts à vingt mois de distance, Hérold, le 19 Janvier 1833, Boieldieu, le 8 Octobre 1834. Si douloureux que pût être pour la France le coup qui frappait Boieldieu, il n'était pas aussi désastreux dans ses conséquences que celui qui venait arracher Hérold à un avenir éclatant et glorieux. L'auteur de *la Dame blanche*, âgé de soixante ans environ, pouvait être considéré comme ayant accompli sa carrière, tandis que son jeune émule n'avait encore pour ainsi dire fait que donner des promesses, — et quelles promesses, pourtant! La disparition de ce dernier, à jamais funeste à l'art français, qu'il semblait vouloir illustrer d'une façon exceptionnelle en concentrant dans une synthèse magnifique et puissante les qualités des trois grandes nations musicales de l'Europe, devait être singulièrement profitable à M. Auber; celui-ci devenait alors, et par droit de conquête et par droit d'ancienneté, le chef incontestable et incontesté de notre école française, et je n'étonnerai personne en affirmant que ce fait ne se fût pas produit si l'auteur de *la Clochette*, de *Zampa*, et du *Pré aux Clercs* n'avait pas été enlevé si prématurément à la gloire qui l'attendait. La mort d'Hérold, foudroyé dans la toute-puissance de son génie, alors qu'il prenait pleine possession de lui même et qu'il allait marcher de chef-d'œuvre en chef-d'œuvre, laissait donc virtuellement le sceptre de l'opéra-comique aux mains de M. Auber, dont le génie spirituel, élégant et fin, mais dépourvu de passion, de flamme et d'enthousiasme, était bien loin, au point de vue de la puissance et de la variété, d'égaler celui de l'artiste admirable qui semblait résumer en lui, par un effort suprême de son intelligence aussi bien que par la libre expansion des facultés qui constituaient son génie, les aspirations grandioses et diverses de Weber, de Rossini, et de son maître Méhul. A côté de M. Auber, venaient se placer Halévy et Adolphe Adam, que les deux succès presque simultanés de *l'Éclair* et du *Châlet* classaient déjà pour ainsi dire au premier rang. Un autre artiste, d'un tempérament souple et non sans puissance, quoique manquant un peu d'originalité, M. Carafa, était encore dans la lice, mais n'y devait pas rester longtemps, car la réussite modérée de quelques ouvrages estimables venant succéder aux acclamations qui avaient accueilli *Masaniello* et *la Prison d'Édimbourg*, allait l'engager à laisser la place à de plus jeunes et de plus vaillants.

C'est parmi ceux-ci, formant un groupe assez serré, que Grisar allait prendre rang, ayant pour rivaux, ou du moins pour émules sérieux, Hyppolite Monpou, M. Ambroise Thomas, on peut même dire Clapisson, tandis que quelques autres, Rifaut, Leborne, Montfort, Batton, Théodore Labarre, moins bien doués ou moins heureux, devaient rester à la suite. Ces quatre compositeurs, destinés à se partager presque également la faveur du public, et dont l'un, Hippolyte Monpou, fut enlevé trop tôt à l'art et à ses amis, effectuèrent leurs débuts sur la scène de l'Opéra-Comique chacun à une année d'intervalle : Moupou ouvrit la marche en donnant *les Deux Reines* le 6 Août 1835; Grisar vint ensuite avec *Sarah*, le 6 Avril 1836; M. Ambroise Thomas fit représenter *la Double Échelle* le 23 Août 1837, et enfin Clapisson se montra au public, avec *la Figurante*, le 24 Août 1838.

On voit donc qu'à l'époque où Grisar se produisit, le genre de l'opéra-comique était loin de décliner. Soutenu par plusieurs musiciens d'un talent très-réel et de facultés très-diverses, il vit éclore, dans l'espace d'une vingtaine d'années, bon nombre d'œuvres remarquables à plus d'un titre, et dont, pour la plupart, le souvenir est encore vivace. C'est à cette période florissante que remontent *le Cheval de Bronze, Actéon, l'Ambassadrice, le Domino noir, la Part du Diable, les Diamants de la Couronne, la Sirène, Haydée*, de M. Auber ; *les Mousquetaires de la Reine, la Fée aux Roses*, d'Halévy ; *le Postillon de Lonjumeau, le Brasseur de Preston, le Toreador, Giralda, Si j'étais Roi*, d'Adam ; *le Planteur, le Luthier de Vienne, la Chaste Suzanne*, de Monpou ; *le Panier fleuri, Mina, le Caïd, le Songe d'une Nuit d'été, Raymond* ou *le Secret de la Reine, Psyché*, de M. Ambroise Thomas ; *la Perruche, Gibby la Cornemuse, la Promise*, de Clapisson, etc., etc. Pour mériter une place — et une place distinguée, presque à part — au milieu d'artistes de cette valeur, pour faire applaudir ses œuvres auprès de celles que je viens de citer, il fallait assurément que Grisar fût bien doué et qu'il donnât la preuve de qualités estimables et solides. La première, la plus précieuse de toutes ces qualités, c'était, sinon une originalité complète, absolue, du moins une personnalité trés-évidente, très-caractérisée, et qui, tout en s'accusant sans forfanterie, sans excès d'aucune sorte, s'imposait à l'attention et savait toujours l'éveiller.

Ce qui constitue une bonne partie de cette personnalité, c'est le sentiment comique, sentiment si rare en musique partout ailleurs que chez les Italiens, et dont Grisar était si bien doué. Non qu'il possédât le rire éclatant, ce rire large, épanoui et sensuel que nous rencontrons avec tant de bonheur chez Rossini et ses prédécesseurs, Paisiello, Gulgielmi, Cimarosa et tant d'autres, et qui provoque chez l'auditeur une gaîté débordante ; mais il avait le sourire, indice de contentement et de belle humeur, que nous ne connaissons plus en France — musicalement parlant — depuis nos premiers compositeurs d'opéra-comique, c'est-à-dire depuis Grétry, Philidor et Monsigny, qui savaient être gais sans faire perdre à l'art la dignité dont il ne doit jamais se départir. En effet, les qualités maîtresses de la musique française sont la grâce, la délicatesse, la distinction, et ces qualités, nous les retrouvons dans les œuvres de la plupart de nos musiciens, depuis Dalayrac jusqu'à M. Victor Massé, en passant par Dezèdes, Berton, Boieldieu, Catel, Nicolo, Hérold, Halévy, MM. Auber, Ambroise Thomas et beaucoup d'autres; mais la gaîté française, cette gaîté composée de finesse, de malice et de raillerie, dont Grétry, Philidor et Monsigny nous ont donné des exemples dans *Panurge*, dans *le Maréchal-ferrant*, dans *le Déserteur* et dans vingt autres ouvrages, nous ne la retrouvons pour ainsi dire pas jusqu'à Grisar. A peine Adam en a-t-il eu quelques éclairs, comme dans *le Toreador* et dans *les Pantins de Violette*, mais elle ne constituait pas pour lui, comme pour Grisar, le fond même du tempérament artistique, et d'ailleurs la gaîté d'Adam devenait forcée parfois et tombait, sinon dans la charge, du moins dans la trivialité, tandis que le musicien anversois, même dans ses élans les plus caractérisés, ne se départait jamais de son élégance naturelle et de ses allures de bonne compagnie. Ecoutez *Gilles*, écoutez *Pantalon*, écoutez *le Chien du Jardinier*, vous serez emporté par la musique sur les ailes d'une fantaisie aimable, légère, pleine d'entrain, d'imprévu, de malice et d'esprit, le sourire ne quittera pas vos lèvres, mais du moins, si vous cherchez ensuite à analyser vos sensations, vous n'aurez pas à rougir de vous y être laissé entraîner, parce que rien de grossier ne sera mêlé au plaisir que vous aurez éprouvé, que ce plaisir sera pur, complet, délicat surtout, et sans arrière-pensée. En un mot, la gaîté de Grisar, pour être cordiale et franche, ne lui fait faire en aucun cas de concession fâcheuse : sa musique reste toujours spirituelle, elle n'est jamais graveleuse ; elle peut être parfois débraillée, elle n'est jamais canaille.

Si l'on veut, après avoir constaté le sentiment comique dont Grisar était doué, analyser, au point de vue technique, le procédé employé par lui pour le faire passer dans sa musique, il convient de diviser ce procédé en deux parts, l'une se rapportant à l'idée musicale proprement dite, l'autre au style de l'artiste. — Nous voyons d'abord que la forme même de sa phrase, phrase un peu courte d'haleine, généralement brève et concise, ne brillant pas toujours par une nouveauté absolue, mais du moins toujours finement ajustée et relevée par un air de grande distinction, nous voyons, dis-je, que la forme de cette phrase revêtait un tour particulier, affectait une allure tantôt sémillante et guillerette, convenant à merveille à l'idée que la musique était chargée d'exprimer, tantôt emphatique et pompeuse, se trouvant au contraire en désacord complet avec cette idée, mais exagérée à dessein, de façon à faire bien comprendre à l'auditeur que ce désaccord était intentionnel et à produire un vif contraste entre l'expression vraie de la pensée écrite et son interprétation musicale (ce qui est un peu le procédé de la caricature appliqué à la musique) D'autre part, nous voyons que par certaines combinaisons de rhythme, par les rapports singuliers de certains intervalles placés dans le chant proprement dit, par des nuances d'un effet particulier et inattendu, par l'ingéniosité d'une instrumentation très-fine, très-expérimentée, enfin, par l'accent général obtenu à l'aide de ces moyens divers, l'artiste complétait, au point de vue du style, l'originalité que le premier procédé avait introduite dans l'idée proprement dite.

Eh bien, c'est le caractère ainsi donné à sa musique bouffe qui a fait la vraie personnalité de Grisar. C'est par cela qu'il est reconnaissable, c'est en cela qu'il est inimitable, et c'est pour cela qu'on a voulu toute sa vie le cantonner dans cette musique. C'est, à la vérité, dans le genre bouffe qu'il s'est montré le plus parfait, le plus accompli, mais il y aurait injustice criante à ne pas reconnaître que son talent s'est affirmé aussi ailleurs, d'une façon très-remarquable, et que ses facultés se sont déployées parfois avec beaucoup de bonheur dans un genre opposé. Tout en possédant la verve comique, Grisar ne manquait ni de tendressse, ni de chaleur d'âme, ni de sensibilité, et je crois avoir donné, dans le cours de cet écrit, plus d'une preuve à l'appui de mon dire. S'il avait eu le bonheur de rencontrer beaucoup de poëmes comme celui des *Porcherons*, dans lesquels il eût pu mêler à doses à peu près égales les qualités diverses qui le distinguaient, l'émotion et la finesse, la grâce et la gaîté, la passion et l'esprit, je crois qu'il eût réussi à ramener les plus incrédules et à les convaincre de la souplesse de ses facultés. Je ne prétends point dire que Grisar fût un musicien *dramatique* dans l'acception étroite du mot : le drame lyrique n'était point son affaire, et sous ce rapport je crois, j'affirme même, que son ambition le trompait singulièrement lorsqu'elle le poussait à essayer de forcer les portes de notre grande scène musicale; pour se maintenir sur un cadre aussi vaste, sa muse n'avait ni le souffle assez puissant, ni la poitrine assez robuste, ni l'accent assez énergique. Mais ce que je veux constater encore, c'est que si Grisar avait le don du rire, il n'avait pas moins le don des larmes, et que, à le considérer à ce point de vue de la diversité de sa nature artistique, l'auteur ému des *Porcherons* et des *Amours du Diable* n'avait rien à envier au chantre joyeux de *Gilles ravisseur* et de *Bonsoir, Monsieur Pantalon.*

Le talent de Grisar a du reste été apprécié d'une façon très-nette, très-saine, très-exacte, dans ces lignes rapides d'un critique que je me fais un plaisir de citer, parce que son jugement résume d'une façon presque absolue mon impression personnelle au sujet de ce musicien charmant :

Grisar possédait au suprême degré la qualité maîtresse du compositeur dramatique, le sentiment, l'instinct de la scène.

S'il ne voyait pas grand, il voyait toujours juste et triomphait dans les détails. Quiconque a suivi l'auteur de *Gilles* dans la mise à l'étude de ses principaux ouvrages, rendra ce témoignage que jamais l'intelligence du théâtre, la finesse de l'observation, l'application raisonnée de la musique à la parole, n'ont été poussées plus loin. Il procédait en cela de son compatriote Grétry. — A ces dons précieux, il sut allier le charme, la grâce mélodique, la clarté. Estimé des artistes pour son rare talent, il captiva du même coup le public. — Ce n'était pas encore l'école de l'avenir.

La presse lui fut toujours sympathique, et pourtant nous ne voudrions pas affirmer qu'elle ait été complétement juste à son égard. Ce fut peut-être un de ses chagrins.

Le malheur de Grisar est d'avoir obtenu ses premiers succès à Paris avec deux petits opéras-bouffes : *l'Eau merveilleuse* et *Gilles ravisseur*. Il était désormais classé. On ne lui demanda plus que de l'esprit et de la gaieté, et l'on se tint un peu en défiance pour le reste. Aujourd'hui même, et devant cette lyre brisée, qui se doute que la corde la plus sonore, la plus amoureusement caressée, fût celle qui exprimait la mélancolie et la tendresse ! Eh ! sans doute, Grisar réussit admirablement la musique bouffe, quoique avec plus de finesse et d'esprit que de gaîté réelle (1) : il entendait si bien la scène ! Mais observez-le quand il s'échappe, lorsque, dans une situation donnée, il peut mettre un peu de son cœur. Ecoutez cette

(1)—Je viens d'exprimer à ce sujet ma pensée tout entière. Peut-être une nuance vient-elle ici diversifier un peu mon opinion de celle de mon confrère; elle est bien légère en tout cas.

phrase adorable soupirée par les altos dans le quatuor scénique du *Chien du Jardinier*, et la scène de l'évanouissement dans le premier finale des *Porcherons*, et cette mélodie, triste comme un dernier adieu, qui accompagne la mort de l'ange déchu dans l'avant-dernier tableau des *Amours du Diable* (tableau qui, par parenthèse, est d'un bout à l'autre un chef-d'œuvre!). Trouvez-en beaucoup, de ces larmes, dans le répertoire de nos auteurs bouffes!

Au point de vue de l'expression dramatique, Grisar n'avait point de maître. Ce qui lui a manqué, croyons-nous, pour être l'un des premiers de son temps, c'est cette largeur de conception qui embrasse toutes les parties d'une œuvre, et en fait un tout imposant sur lequel l'auteur met sa griffe (1).

Cette dernière réflexion est très-exacte. Ce qui a manqué à Grisar, c'est la grandeur des vues, c'est l'amplitude de la pensée, c'est la conception d'un vaste ensemble, duquel se détachent, parfaits et accomplis dans leur

(1) — J.-P. Moschelès : *Chronique musicale* du 1er Juillet 1869.

genre, mais reliés entre eux par une pensée commune, les divers épisodes qui concourent à l'unité ainsi qu'à l'éclat général d'une œuvre grandiose. Il est vrai de dire que si, aux qualités qu'il possédait déjà, il eût ajouté ces dons précieux, Grisar eût été un homme de génie et se fut ainsi plâcé au premier rang.

Il faut donc le juger sur ce qu'il fut, et non sur ce qu'il eût pu être. Pour être plus modeste, sa place n'est pas encore à dédaigner, et elle est telle que, pendant vingt-cinq ans, il l'a seul occupée. Non que je veuille dire qu'il fût le seul artiste qui ait soutenu dignement l'honneur et le drapeau de notre cher opéra-comique, mais parce qu'il a su y introduire un élément particulier, une sève nouvelle et vivace, parce qu'il a marqué chacune de ses œuvres d'une empreinte personnelle, et que c'est là, dans quelque milieu qu'on se meuve, à quelque partie de l'art que l'on s'adresse, l'indice d'une supériorité évidente, le signe d'une indépendance d'esprit qui ne saurait être contestée.

Quelque légère qu'ait pu être sa trace, elle

a été creusée solidement, et je suis convaincu, pour ma part, qu'elle ne s'effacera pas de sitôt. Toutefois, et sans rien exagérer, on peut dire que si Grisar n'a pas fait assez pour obtenir la gloire, — cette maîtresse exigeante et radieuse, qui fait payer bien cher ses faveurs et qui veut toujours être violentée, — du moins il a laissé derrière lui une renommée légitimement acquise, il a su attacher à son nom l'estime des gens de goût, il s'est rallié les sympathies de tous ceux qui considèrent le respect de l'art comme l'une des qualités et des conditions premières indispensables à celui qui s'y livre.

APPENDICE

APPENDICE

Comme complément à cette étude, je vais grouper ici un certain nombre de renseignements qui, pour être secondaires, ne seront pas pourtant sans utilité.

Tout d'abord, je dresserai le tableau synoptique des opéras que Grisar a fait représenter; on trouvera dans ce tableau, en regard du titre de chacun des ouvrages, le nom des auteurs du livret, ainsi que la date et le lieu de la représentation.

LISTE CHRONOLOGIQUE DES OPÉRAS DE GRISAR.

DATES.	TITRES.	LIBRETTISTES.	THÉATRES.
4 Mars 1833.	*Le Mariage impossible* (2 actes). (1)	Mélesville et Carmouche.	Th. de la Monnaie (Bruxelles).
26 Avril 1836.	*Sarah* (2 actes).	Mélesville.	Opéra-Comique.
23 Juin 1837.	*L'An Mil* (1 acte).	Mélesville et Paul Foucher.	Opéra-Comique.
8 Mars 1838.	*La Suisse à Trianon* (1 acte).	De St-Georges et de Leuven.	Variétés.
15 Novembre 1838.	*Lady Melvil* (3 actes).	De St-Georges et de Leuven.	Renaissance.
30 Janvier 1839.	*L'Eau merveilleuse* (2 actes).	Th. Sauvage.	Renaissance.
16 Novembre 1839.	*Les Travestissements* (1 acte).	Deslandes.	Opéra-Comique.
16 Juillet 1840.	*L'Opéra à la Cour* (3 actes). (2)	Scribe et de St-Georges.	Opéra-Comique.
21 Février 1848.	*Gilles ravisseur* (1 acte).	Th. Sauvage.	Opéra-Comique.
	[illegible]	Th. Sauva e et de Lurieu.	[illegible]éra-Comique.

19 Février 1851.	*Bonsoir, M. Pantalon* (1 acte).	Lockroy et de Morvan.	Opéra-Comique.
20 Février 1852.	*Le Carillonneur de Bruges* (3 actes).	De St-Georges.	Opéra-Comique.
11 Mars 1853.	*Les Amours du Diable* (4 actes).	De St-Georges.	Théâtre-Lyrique.
16 Janvier 1855.	*Le Chien du Jardinier* (1 acte).	Lockroy et Cormon.	Opéra-Comique.
12 Août 1859.	*Voyage autour de ma Chambre* (1 acte).	Duvert et Lauzanne.	Opéra-Comique.
17 Février 1862.	*Le Joaillier de Saint-James* (3 actes). (3)	De St-Georges et de Leuven.	Opéra-Comique.
18 Mars 1862.	*La Chatte merveilleuse* (3 actes).	Dumanoir et d'Ennery.	Théâtre-Lyrique.
8 Décembre 1864.	*Bégaiements d'amour* (1 acte).	Ch. Deulin et de Najac.	Théâtre-Lyrique.
19 Octobre 1865.	*Douze Innocentes* (1 acte). (4)	E. de Najac.	Bouffes-Parisiens.

(1) — Ancien vaudeville, arrangé en opéra-comique par M. Porret de Morvan.

(2) — Partition écrite en société avec M. Adrien Boieldieu.

(3) — C'était le même ouvrage que *Lady Melvil*, mais augmenté d'une façon notable au point de vue musical.

(4) — On n'a pas compris dans cette liste *le Naufrage de la Méduse*, opéra en quatre actes, représenté à la Renaissance le 31 Avril 1839. Grisar avait pris une part de collaboration à cet ouvrage, mais elle était si mince qu'il refusa de laisser placer son nom à côté de ceux de MM. de Flottow et Pilati.

Pour compléter d'un coup d'œil l'ensemble des travaux dramatiques de Grisar, voici maintenant la liste des ouvrages dont il s'est occupé, mais qui n'ont point été représentés. La plupart d'entre eux sont restés inachevés, mais on a vu cependant que deux ou trois étaient complétement terminés.

1° — *Manon Giroux*, opéra-comique en deux actes, paroles de MM. de Leuven et de Forges ;

2° — *Riquet à la Houppe*, opéra-comique en trois actes, en vers, avec prologue, de M. Th. Sauvage ;

3° — *Rigolo*, opéra-comique en un acte, paroles de M. Pellier ;

4° — *L'Ane et le Prince*, opéra-comique en deux actes, paroles de MM. Lockroy et Cogniard ;

5° — *L'Oncle Salomon*, opéra-comique en trois actes, paroles de M. Émile de Najac ;

6° — *Les Contes bleus*, opéra-comique en trois actes, paroles de MM. Lockroy et Cogniard.

7° — *Afraja*, opéra sérieux en trois actes, paroles de M. Émile de Najac ;

8° — *Le Parapluie enchanté*, opéra-féerie en trois actes et neuf tableaux, paroles de MM. Charles Deulin et Émile de Najac ;

9° — *Le Mariage forcé*, opéra-comique en un acte, d'après Molière ;

10° — *La Reine Mab*, paroles de .....

11° — *La Mort du Cosaque*, scène dramatique, paroles de M. Michel Carré.

Quelques portraits de Grisar ont été publiés, mais un seul d'entre eux mérite véritablement l'attention ; il est vrai de dire qu'il est très-remarquable. C'est celui qui a été publié à Bruxelles, dans un recueil magnifique intitulé : *l'Artiste* (4e année, 1836, n° 20). Ce portrait, d'un crayon lithographique souple, élégant et plein de finesse, a été dessiné par Beaugniet, et représente le jeune compositeur (il avait alors 28 ans) dans une attitude un peu songeuse, un peu réfléchie, mais la physionomie rayonnante d'intelligence, de jeunesse et d'espoir ; en tête se trouve le titre du recueil pour lequel il avait été fait, et au-dessous, le nom d'Albert Grisar. Un tirage avant la lettre en avait évidemment été exécuté, car j'en connais un exemplaire qui ne porte ni l'une ni l'autre de ces indications (1).

Un autre portrait, dessiné par Henri Émy, et dont je ne connais pas la date (l'aspect de la physionomie me fait supposer qu'il est des environs de 1840, mais pas avant, car la boutonnière de Grisar est ornée d'une décoration, et la première qu'il reçut, celle de l'ordre de Léopold, lui fut accordée précisément en 1840), a été publié à Paris. Celui-ci est lithographié, comme le précédent, mais il ne saurait en aucune façon lui être comparé, car il est d'une médiocrité et d'une banalité qni sont loin de faire honneur au crayon parfois fin et délicat d'Henry Émy.

Peut-être quelques personnes se souvien-

(1)—C'est ce portrait, plein d'élégance et de poésie, en même temps que très-caractéristique, qui a servi de modèle à celui que l'on trouve placé en tête de ce volume. M. Desjardins, qui pour la seconde fois veut bien se faire mon collaborateur, l'a reproduit avec une délicatesse et une habileté dont chacun peut se rendre compte.

nent-elles d'un certain *Panthéon musical* gravé en 1845, à l'époque où ces sortes de publications jouissaient d'une vogue prodigieuse et se multipliaient étonnamment. C'était une grande feuille oblongue, sur laquelle se trouvaient réunis et groupés tous les musiciens fameux alors, chacun avec sa charge extrêmement réussie et une petite légende explicative de son portrait, légende qui, elle aussi, affectait un caractère burlesque. Grisar, cela va sans dire, occupait sa place dans ce « panthéon » comique : il était représenté dans une attitude penchée, l'air soucieux, les yeux égarés, la main portée au front, et autour de sa tête le dessinateur avait tracé, en guise d'auréole, ce refrain de *la Folle* : « Tra, la la la, tra, la la la, quel est donc cet air ..... ? » Au bas, se lisaient ces mots :

GRISAR.

Air qu'avait l'auteur en composant celui de la Folle.

La charge, sans tourner à la caricature proprement dite, était vraiment heureuse, fine et spirituelle. « Eh bien (m'écrivait à ce sujet un de mes confrères de Bruxelles), je tiens de bonne source que cette charge a fait à mon compatriote un sensible déplaisir, et qu'il en a été fort mortifié. »

Je n'ai plus à signaler ensuite qu'un portrait-carte, fait dans ces dernières années (1), et qui a servi, je crois, de modèle à ceux qu'ont donnés *l'Illustration* dans son numéro du 27 Juin 1869, et, à la même époque, *la Chronique illustrée.*

Grisar n'a été jusqu'à ce jour l'objet d'aucun travail biographique ou critique spécial. Mais, en dehors des articles nécrologiques qui ont été publiés à l'époque de sa mort, on trouve sur lui des notices (toutes très-courtes), dans les recueils ou journaux suivants :

Biographie universelle des musiciens (2e édition), par F.-J. Fét's. — Paris, Firmin Didot, 1860-1865, in-8.

---

(1) — Photographié par M. Desmaisons. On m'a assuré que c'était le seul de ce genre qui existât.

Galerie biographique des artistes musiciens belges du XVIIIe *et du* XIXe *siècle*, par Édouard G. J. Gregoir. — Bruxelles, Schott, 1862, in-8.

Les Musiciens célèbres, par Félix Clément. — Paris, Hachette, 1868, in-8.

Mes Souvenirs, par Léon Escudier. — Paris, Dentu, 1863, in-12.

Les Jugements nouveaux, par Xavier Aubryet. — Paris, Librairie nouvelle, 1860, in-12.

Dictionnaire des Contemporains (3e édition), par G. Vapereau. — Paris, Hachette, 1865, gr. in-8.

Almanach musical, année 1854. — Paris, Houssiaux, in-8 carré.

Annuaire dramatique (belge), années 1839, 1840, 1841.—Bruxelles, in-16 et in-18.

L'Artiste, année 1856 (article de M. Xavier Aubryet, qui a servi de thème à celui inséré par l'auteur dans le volume ci-dessus cité : *les Jugements nouveaux*).

Le Charivari, 3 Juillet 1866 (« portrait-carte » de M. Albert Vizentini).

Pour les amateurs de distinctions honorifiques, pour ceux aux yeux desquels ces distinctions augmentent dans une proportion quelconque la valeur d'un artiste, je rappellerai que Grisar était chevalier des ordres de Léopold, de Belgique, de la Légion d'honneur, de France, et de la Couronne de chêne, de Hollande (1).

Enfin, pour terminer, je reproduirai les lignes suivantes, publiées par le journal *l'Opinion*, d'Anvers, au mois de Janvier 1870 :

Nous apprenons avec plaisir que la souscription pour la statue de notre éminent compositeur Albert Grisar se couvre de signatures. Après mûres délibérations, la commission s'est prononcée contre l'érection sur une place publique, les morceaux de sculpture ayant presque toujours un côté défec-

(1)—C'est en 1851, à la suite d'un concours musical qui avait eu lieu en Hollande, et du jury duquel il avait été appelé à faire partie, que Grisar avait reçu cette décoration.

tueux (?). L'administration communale vient d'accorder à la commission l'autorisation de placer la statue, confiée au ciseau savant de M. De B raeckeleer, sous le vestibule de notre théâtre.

C'est bien là la place de l'image du gracieux et sympathique auteur de *Gilles ravisseur*, des *Porcherons*, du *Carillonneur de Bruges*, du *Chien du Jardinier*, de *l'Eau merveilleuse* et de tant d'œuvres distinguées que les directeurs de notre scène s'obstinent à ne pas remonter. Il faut espérer que cet état de choses cessera désormais et que l'on rendra, enfin, pleine justice à ce compositeur.

INDEX

I. — Naissance d'Albert Grisar. — Son origine. — Sa famille. — Il embrasse la carrière commerciale. — Son penchant pour la musique. — Son premier maître : Joseph Janssens. — Il part pour Liverpool. — Voyage furtif à Paris. — Grisar et la révolution belge 7

II. — Première installation à Paris. — Grisar travaille avec Reicha. — Il est appelé à Anvers. — Une romance célèbre. Histoire de *la Folle*. — Premier opéra de Grisar, *le Mariage impossible*, représenté à Bruxelles, puis à Anvers. — Le gouvernement belge accorde un subside au jeune compositeur... 21

III. — Grisar revient à Paris. — Ses premières mélodies. — Ses débuts à l'Opéra-Comique : *Sarah*, ou *l'Orpheline de Glençoé*. Jenny Colon. — *L'An Mil*. — Un théâtre modèle : la Renaissance. — *Lady Melvil*, ou *le Joaillier de Saint-James*. Anna Thillon. — *L'Eau merveilleuse*. Comment Grisar obtint le poeme de cet opéra. Grand succès. — Retour de Grisar à l'Opéra-Comique. *Les Travestissements*. — *L'Opéra à la Cour*. — Les fêtes de Rubens à Anvers. Grisar écrit une ouverture à cette occasion. *La Suisse à Trianon* aux Variétés. 36

IV. — Départ de Grisar pour l'Italie. Une excursion qui dure huit années. — Enfantement, naissance et infortunes de *Gilles ravisseur*. Lettres de Grisar à ce sujet. — Succès de cet ouvrage, représenté à l'Opéra-Comique en l'absence de Grisar................ 72

V. — Retour de Grisar à Paris. — *Les Porcherons*. Grand succès. — Un opéra non représenté : *Riquet a la Houppe*. — *Bonsoir, Monsieur Pantalon*. Réussite brillante de cet opéra. Il est traduit en anglais et représenté à Londres. — Une erreur de Grisar. *Le Carillonneur de Bruges*, opéra héroïque et manqué............... 95

VI. — Grisar au Théâtre Lyrique. — *Les Amours du Diable.* Mme Colson. — Un opéra rustique. *Le Chien du Jardinier*.......................... 126

VII. — Longue maladie de Grisar. — Il reparaît au théâtre. *Le Voyage autour de ma Chambre.* — Deuxième édition de *Lady Melvil.* Ses destinées tourmentées. — Grisar collaborateur de M. Alphonse Karr. *La Pénélope normande.* — Correspondance intéressante. — *La Chatte merveilleuse.* — Premiers chagrins de Grisar. — *Bégaiements d'amour.* — *Les Douze Innocentes*........................ 162

VIII. — Tourments, découragement, décadence de Grisar. — Ses œuvres inédites. Sa correspondance. — Ses dernières luttes. Sa mort.................... 211

IX. — Coup d'œil sur les compositions de Grisar en dehors du théâtre. Nomenclature annotée de ces compositions. 244

X. — *L'Artiste*.......................... 268

Appendice 287
Tableau chronologique des opéras de Grisar........... 288
Ouvrages laissés par lui en portefeuille. 290
Portraits de Grisar.................... 291
Renseignements divers............... 294

CPSIA information can be obtained
at www.ICGtesting.com
Printed in the USA
BVHW091247021118
531988BV00012B/1149/P

9 780266 694656